Kathedralen und Burgen, Schlaraffenland und Schwarzer Tod, eine kriegerische Jungfrau und ein kaiserlicher Analphabet – Jörg Pilawa reist in die Lebenswelt der Ritter, Minnesänger, Mönche und Narren und präsentiert einen bunten Jahrmarkt an Geschichten aus seiner Lieblingsepoche. Wie lebten die Menschen im Mittelalter? Was waren die täglichen Sorgen und Freuden? In 14 unterhaltsamen, reich bebilderten Kapiteln erzählt Jörg Pilawa von Tischsitten und vom Eheleben, von Kaisern und Bauern, von Rattenfängern und Vagabunden, von Ländern, wo der Pfeffer wächst, und vom Leben im Kloster. Entstanden ist der ideale Reisebegleiter für alle, die neugierig sind auf eine Zeit, die uns nah und fremd zugleich ist.

Jörg Pilawa wurde 1965 in Hamburg geboren. Nach dem Abitur studierte er Medizin und Geschichte. Ein Jahr lang lebte er in einem Kibbuz in Israel. Schon während des Studiums begann er für Hörfunk und Fernsehen zu arbeiten. Seit 2001 moderiert er im Vorabendprogramm der ARD »Das Quiz mit Jörg Pilawa«. In den letzten Jahren machten ihn zahlreiche Moderationen von erfolgreichen Sendungen wie z. B. die große Wissensshow »Pisa – Der Ländertest« und »Pilawas großes Geschichts-Quiz« zum meistbeschäftigten und beliebtesten Moderator des deutschen Fernsehens.
Im Fischer Taschenbuch Verlag erschienen: »Pilawas Zeitreise. Rätselhaftes und Überraschendes aus unserer Geschichte«.

Unsere Adresse im Internet: www.fischerverlage.de

JÖRG PILAWA

Pilawas Mittelalter

Eine vergnügliche Zeitreise durch
die Jahrhunderte

Fischer Taschenbuch Verlag

Veröffentlicht im Fischer Taschenbuch Verlag,
einem Unternehmen der S. Fischer Verlag GmbH,
Frankfurt am Main, Dezember 2009
Lizenzausgabe mit freundlicher Genehmigung
des Verlags Kiepenheuer & Witsch

Druck und Bindung: CPI – Clausen & Bosse, Leck
Printed in Germany
ISBN 978-3-596-18330-2

Inhalt

Vorwort

Bei mir ging es los mit der Lektüre von »Der Name der Rose« von Umberto Eco. Wie so viele andere Menschen weltweit war ich begeistert von diesem historischen Kriminalroman, der anno 1327 in einer italienischen Benediktinerabtei spielt und ein so lebendiges Bild des späten Mittelalters mit seinen politischen, sozialen und religiösen Konflikten entwirft. Schon einige Zeit zuvor hatte ich das Glück, mich ein paar Tage in einem mittelalterlichen Kloster aufhalten zu dürfen, also den Lebensbedingungen der Menschen des Mittelalters ein wenig nachspüren zu können. Diese persönliche Erfahrung in einem solchen Gemäuer und der Roman von Eco – das waren wohl die beiden Initialerlebnisse, die meine Begeisterung und meine Neugierde auslösten. Spätestens von da an habe ich begonnen, über das Mittelalter, über den Alltag damals nachzudenken: Wie hat es sich gelebt in einem nicht geheizten, mit kalten Steinen und feuchten Böden ausgestatteten Kloster? Wie war das, keine Unterwäsche auf der Haut zu haben? Wie kam man zurecht, ohne all die Errungenschaften der Neuzeit?

Schon als 16-jähriger Schüler hatte ich dank meines Geschichtslehrers die Gelegenheit, wenigstens ansatzweise zu verstehen, was es hieß, im Mittelalter zu leben. Damals fuhren wir zum Mittelalterfest nach Lüneburg und liefen zwei Tage lang als Scholaren durch die Straßen der Stadt, mit selbstgenähten Kostümen, mit Sandalen ohne Socken, übernachteten auf Strohballen und bettelten vor der Kirche um Almosen – im Nachhinein sicherlich auch ein prägendes Erlebnis.

Vielleicht gewinnt die Beziehung zum Mittelalter aber auch mit zunehmendem Alter an Intensität, weil man verstärkt nicht nur nach seinen ganz persönlichen Ahnen fragt. Über das Mittelalter nachdenken, heißt eben auch über die eigenen Wurzeln nachdenken. Denn vieles von dem, was heute Realität ist, hat seine Grundlagen im Mittelalter. Das gilt letztendlich bis hin zur heutigen Gestaltung von Europa.

Jedenfalls ist das Mittelalter bis heute wesentlich präsenter, als man glaubt. Jeder kleine Ausflug ins Grüne beweist diese Gegenwärtigkeit: Wie oft fährt man hier an einer Burg, dort an einem Kloster vorbei! Dass es all diese Bauwerke, diese Klöster, Kathedralen und Burgen, noch gibt, ist ja per se schon sensationell – ein Beleg für die großartige Bautechnik damals, wenn man bedenkt, dass wir zum Beispiel Gebäude aus der frühen Neuzeit nicht mehr in dieser Hülle und Fülle bewundern können. Außerdem: Wenn man einen Hamburger nach seiner Herkunft fragt, wird er immer sagen, ich bin Hamburger – da sind immer noch imaginär diese mittelalterlichen Stadtmauern im Kopf, die mich schützen und in denen ich heimisch, zuhause bin. Die vielen kleinen Staaten, die Deutschland jahrhundertelang geprägt haben, spiegeln sich doch bis heute in der Mentalität der Menschen. Ein Bayer ist heute einem Preußen immer noch fern – und auch diese verschiedenen Identitäten haben ihre Wurzeln schon im Mittelalter.

Und obwohl uns das Mittelalter immer so düster erscheint, ist diese Epoche auch eine Zeit großer Errungenschaften, seien sie künstlerischer, wissenschaftlicher oder gesellschaftlicher Art. Vielleicht ist es diese Diskrepanz, die das besondere Faszinosum Mittelalter ausmacht: Einerseits die spartanischen Lebensbedingungen, die wir heute mit unseren allgegenwärtigen Mittelalter-Märkten und Ritterturnieren sicherlich idealisieren, die mangelnde körperliche Hygiene, die Derbheit der Sprache und Manieren, der Aberglaube, andererseits die Pracht an den Höfen, die Konzentration in den Studierzimmern, in denen naturwissenschaftliche Abhandlungen geschrieben wurden, die Andacht der Mönche – diese Differenz zu verstehen, im Kopf zusammenzukriegen, ist wohl die große Herausforderung. Oder um noch einmal auf das Kloster zurückzukommen: Auf der einen Seite die Mönche und Nonnen, die stark religiös motiviert gelebt und unter teilweise erbärmlichen Bedingungen versucht haben, den Glauben der Kirche in die Welt zu tragen, auf der anderen Seite der Prunk, der im Vatikan zelebriert wurde, sowie manch Bischof, der sehr weltlich orientiert war und die Bevölkerung ausgebeutet hat, um es sich gutgehen zu lassen. Diese Polarität, diese Extreme verbinden wir mit dem Mittelalter.

Ein besonderes Faszinosum ist daher für mich bis heute die Pest – eine Zeit lang habe ich über diese Krankheitswelle eine ganze Menge gelesen und während meines Geschichtsstudiums auch ein wenig geforscht. Es ist bis heute ja eigentlich unvorstellbar, dass es Regionen gab, in denen weit über die Hälfte der Menschen gestorben sind. Vielleicht ist es ein etwas merkwürdiges Vergnügen, sich mit diesem großen Sterben zu beschäftigen. Andererseits ist es wirklich interessant zu sehen, wie unterschiedlich mit dieser Herausforderung umgegangen wurde: Die Pestgesetzgebung in Köln war zum Beispiel eine andere als die in Wien, wo wir mitten im Zentrum der Stadt heute immer noch die Pestsäule bewundern können, die allerdings nicht aus dem Mittelalter, sondern aus der frühen Neuzeit stammt. In einigen Regionen führte die Krankheit zur Verfolgung und Ausgrenzung von Juden, in anderen hat es das Gegenteil zur Folge gehabt: Landesherren schenkten den Juden zum ersten Mal Rechte.

Im Übrigen hat das Mittelalter bei uns auch Einzug im heimischen Kinderzimmer gehalten: Irgendwann kam mein Sohn und wollte eine Ritterburg haben, meine Tochter erklärte mir kurz darauf, sie wäre gerne ein Burgfräulein – alles, ohne dass ich das angeregt hätte. Die Ritterburg gehört also einfach dazu. Überhaupt haben ja Kinder ein viel unverkrampfteres Verhältnis zur Geschichte, auf spielerische Art und Weise beschäftigen sie sich mit unserer Vergangenheit. Wenn man will, kann man fast eine Chronologie der Geschichte im Kinderzimmer erkennen: Es

geht meistens los mit den Dinosauriern, dann kommen die Ritter – wir werden sehen, wer und was aus der Neuzeit und Moderne die Fantasie meiner Kinder entzündet.
Und so hoffe ich, dass dieses Buch ein wenig dazu beitragen kann, auch in uns Erwachsenen wieder eine spielerische Neugier für unsere Vergangenheit zu wecken, und wünsche viel Vergnügen beim Eintauchen in die Welt des Mittelalters.

Jörg Pilawa, Oktober 2008

01

Hungern, Fasten, Schlemmen

Essen und Trinken im Mittelalter

Wenn wir uns das Land unserer Träume ausmalen sollten – wie sähe es wohl aus? Natürlich schiene immer die Sonne. Wahrscheinlich wäre kein Ort mehr als 200 Meter vom Strand entfernt. Schokolade würde nicht dick machen, und an jeder Straßenecke stünde ein vollautomatischer Massagesessel bereit. Die Menschen im Mittelalter hatten ziemlich viel Zeit für Fantasiereisen – kein Fernseher (und meist auch kein Buch) lenkte sie

Im Schwein steckt schon das Messer, das Haus ist aus Lebkuchen gebaut – Bilder wie dieser Holzschnitt zum »Schlaraffenland« von Hans Sachs ließen den Menschen das Wasser im Mund zusammenlaufen.

davon ab. Aber Strände und Massagesessel kamen in ihren Träumen wohl nicht vor. Wer täglich vor seiner bescheidenen Hafergrütze saß, sehnte etwas ganz anderes herbei: Essen im Überfluss! Ein Land, in dem es heiße Blutwürste vom Himmel regnet und die Häuser aus Pfefferkuchen oder Schinken gebaut sind – das Schlaraffenland. Nur gibt es da ein Problem: Das Land liegt sehr versteckt, und wer von dort zurückkam, um seine Freunde nachzuholen, hat es leider nie wiedergefunden ...

Wo liegt das Schlaraffenland?

a) drei Meilen hinter Weihnachten

b) am Ende des Regenbogens

c) die Himmelsleiter dreizehn Stufen rauf

Nach einer irischen Sage wartet am Ende des Regenbogens ein Topf voller Gold auf den glücklichen Finder. Aber Gold kann man bekanntlich nicht essen – wobei man sich davon wohl Braten und Würste bis ans Ende seiner Tage kaufen könnte. Die Himmelsleiter wiederum, so steht es im 1. Buch Mose in der Bibel, ist Jakob im Traum erschienen, als er auf der Flucht vor seinem Bruder Esau war. Oben wartete aber keine Gans am Spieß, sondern Gott.

Glaubt man hingegen dem Dichter Hans Sachs (1494–1576), liegt das Schlaraffenland tatsächlich »drey meyl hinder Weyhnachten«, außerdem noch versteckt hinter einem Berg aus Hirsebrei. Eine ziemlich ungenaue Wegbeschreibung. Trotzdem wussten die Dichter und Sänger des Mittelalters erstaunlich viele Details zu berichten und schwelgten dabei in Fleischeslust.

»Gedeckt sind die Häuser mit Speck,
Und die Latten sind aus Würsten.

In dem Land gibt es viele Genüsse,
Denn von Braten am Spieß und Eisbein
Sind die Weizenfelder ringsum eingefasst;
Durch die Straßen laufen
Die fetten Gänse und Braten,
Sie drehen sich um sich selbst,
Und stets folgt ihnen die weiße Knoblauchsauce.«

(unbekannter Dichter, Frankreich 13. Jahrhundert)

Man kann sich vorstellen, wie dem Dichter beim Schreiben der Verse das Wasser im Munde zusammengelaufen ist – und seinen Lesern und Zuhörern ebenso. Der Alltag der meisten Menschen war hart und eintönig, und solche Träumereien waren eine der wenigen Chancen, ihm für kurze Zeit zu entfliehen.

Zur Flucht gab es natürlich noch andere Möglichkeiten. Denn was tun Menschen seit eh und je, wenn sie alles andere vergessen wollen? Ganz einfach, sie betrinken sich. Wein wurde in rauen Mengen gebechert: Und selbstverständlich grölte man damals schon Trinklieder ...

»Her wiert, uns dürstet also sere,
trag auff wein! trag auff wein! trag auff wein!
Das dir got dein laid verkere,
pring her wein! pring her wein! pring her wein!
Und dir dein sälden mere,
nu schenck ein! nu schenck ein! nu schenck ein!«

(der Liederdichter Oswald von Wolkenstein im 15. Jahrhundert)

Das am meisten verbreitete Rauschmittel war aber das Bier. Die Schweden erwiesen sich schon im Mittelalter als besonders trinkfest und kippten nach Schätzungen mancher Historiker mehr als 40-mal so viel Bier wie heute! Einer der Gründe war wohl, dass die Speisen zur Konservierung extrem stark gesalzen waren und daher einen überwältigenden Durst erzeugten.

Hinzu kam, dass vor allem Wohlhabendere das Risiko vermieden, sich mit einem Glas Wasser zu vergiften – schließlich brauchte es nur eine verwesende Maus, um einen ganzen Brunnen zu verunreinigen.

Dem Gerstensaft mischten die Bierbrauer zur Haltbarmachung gern ein Gewächs bei, das ziemlich durchschlagende Nebenwirkungen hatte ...

Welche Pflanze kam häufig ins Bier, bevor der Hopfen an ihre Stelle trat?

a) Liebstöckel

b) Schierling

c) Bilsenkraut

Der Liebstöckel war eine im Mittelalter gern genutzte Gewürzpflanze, die übrigens so ähnlich schmeckt wie Maggi. Er diente in früheren Zeiten auch als Aphrodisiakum. Möglich, dass er auch mal ins Bier gegeben wurde, aber weitverbreitet dürfte das nicht gewesen sein. Der Schierling wiederum ist eine gefährliche Giftpflanze, um die mittelalterliche Bierbrauer hoffentlich einen Bogen machten. Durchschlagende Nebenwirkungen hätte er sicher: Bekannt ist der Schierlingstrank, mit dem sich Sokrates umgebracht haben soll (und er war nicht der Einzige). Die heute noch für ihre Kräuterkunde berühmte Benediktinerin Hildegard von Bingen (1098–1179) empfahl den Schierling allerdings auch gegen Schwellungen – äußerlich angewendet.

Tatsächlich kamen sehr häufig die Samen des Bilsenkrauts ins Bier. Ein paar Schlucke über den Durst – und schon glaubte man fliegen zu können oder hielt sich für einen Werwolf. Der Stoff machte das Bier nämlich nicht nur haltbar, sondern verursachte in stärkerer Dosis Halluzinationen und versetzte den Trinker in Trance.

Bilsenkraut im Bier war so verbreitet, dass in der Umgebung von Brauereien große Bilsenkrautplantagen entstanden – daher stammt übrigens auch der Name der tschechischen Stadt Pilsen. Dies bedeutet auch, dass unser gutes altes Pils seinen Namen genau genommen nicht von der traditionsreichen Brauereistadt hat, sondern von einem Pflänzchen, das man durchaus als Vorläufer späterer Hippiedrogen bezeichnen könnte.

Im späten Mittelalter wurden »den Kopf toll machende Stücke und Kräuter« im Bier dann offiziell verboten.

> *»Es sollen auch nicht in das Bier weder Harz noch keinerlei andere Ungeferck. Dazu soll man nichts anderes geben als Hopfen, Malz und Wasser. Das verbietet man bei zwei Mark, und derjenige muss die Stadt für vier Wochen räumen.«*
>
> (Wirtshausgesetz der Stadt Weißensee von 1434)

Übrigens legen Untersuchungen von Historikern nahe, dass erhebliche Teile der Bevölkerung im Mittelalter praktisch ständig unter Drogen standen.

Glücklicherweise war aber nicht jeder gezwungen, sich vor lauter Not und Elend ununterbrochen zu betrinken. In der Stadt war das Leben meist weniger hart und entbehrungsreich, und wegen des regen Handels gab es auch fast immer eine gute Auswahl an Nahrungsmitteln. Dort wurde man deutlich stilvoller satt als auf dem Land: So hatten die Städter beispielsweise eine ausgeprägte Vorliebe für feines Weißbrot, während das schwere Schwarzbrot der ärmeren Landbevölkerung vorbehalten war. Man glaubte doch tatsächlich, dass die groben Bauern auch grobe Kost zu sich nehmen sollten, weil dies eben ihrer »Natur« am besten entspreche.

»Die Armen haben ihre besondere Kost, die ohne Zweifel schwer und unverdaulich, aber ihrer Konstitution perfekt angepasst ist.«

(der französische Arzt Sylvius in einer Schrift über die Ernährung der Armen)

Die Zugehörigkeit zu einem bestimmten Stand bestimmte die Ernährung. Selbst wenn sie die Zutaten also besessen hätten – ein raffiniertes, variationsreiches Menü schickte sich schlicht nicht für einfache Landleute. Wie heißt es doch so schön? »Du bist, was du isst« ...

Was war ein typisches Arme-Leute-Essen im Mittelalter?

a) Kartoffelmus

b) Sauerkraut

c) Frischer Hering

Die Kartoffel trat ihren Siegeszug durch Europa erst im 18. Jahrhundert an – übrigens von Deutschland aus. Im 16. Jahrhundert war sie von spanischen Eroberern aus Südamerika mitgebracht worden, aber erst auf den sandigen norddeutschen Böden kam sie richtig in Schwung, maßgeblich gefördert bekanntlich vom Preußenkönig Friedrich dem Großen.

Heringe und andere Seefische waren im frischen Zustand teure Luxusgüter. Sie wurden zur Haltbarmachung meist gepökelt verkauft. Noch auf dem Meer nahmen die Fischer sie aus und konservierten sie mit Salz, denn zum Fischen war man Tage und Wochen unterwegs. Und danach musste der Fang ja noch eine lange Reise über Land antreten.

Kohl – auch in Form von Sauerkraut – stand dagegen häufig

Der Gegensatz von Hunger und Überfluss beschäftigte viele Künstler, so auch Pieter Bruegel: »Die Fetten« vertilgen Unmengen an Würsten und weisen dem Hungrigen die Tür …

…während »die Armen« selbst einem wohlgenährten Gast noch etwas von ihrer schmalen Kost anbieten. Beide Bilder entstanden um 1550.

auf dem Speiseplan der armen Schlucker. Dazu Brot oder Brei aus Getreide, und neben Kohl auch Rüben, Pastinaken, Zwiebeln, Knoblauch und Hülsenfrüchte. Zur mittelalterlichen Ordnung der Lebensmittel nach sozialen Gruppen gehörte nämlich auch das wörtlich zu nehmende Oben und Unten: Was auf oder in der Erde wächst, etwa Kohl, war danach für die niederen Stände bestimmt. Das hoch auf den Bäumen wachsende Obst hingegen galt eindeutig als ein Nahrungsmittel für Adel und Klerus.

Am beliebtesten bei allen Menschen war aber Fleisch, Fleisch und noch mal Fleisch. Davon konnte im Mittelalter keiner genug kriegen. Der Fleischkonsum in den Ländern nördlich der Alpen war beeindruckend: Im 15. Jahrhundert etwa aßen die Menschen im Schnitt hundert Kilo im Jahr – pro Kopf! Zum Vergleich: Heute liegt der durchschnittliche Fleischverzehr in Deutschland bei sechzig bis siebzig Kilo.

Die Landbevölkerung hielt sich dabei vor allem an gesalzenes Schweinefleisch, die reicheren Städter verzehrten Rind, am liebsten aber Wildbret. Geflügel war ebenfalls sehr beliebt. Man scheute sich auch nicht vor dem Genuss von Kleintieren wie Dachse, Eichhörnchen oder Igel – von Letzteren glaubte die schon erwähnte Hildegard von Bingen übrigens, dass deren robuste Gesundheit durch Verzehr auf den Menschen übergehe.

»Man soll ein Huhn braten.
Röste Weißbrotscheiben und
backe sie golden in Schmalz und
schneide sie in Stücke wie zu einer Brotsuppe.
Zerlege das Huhn und brate sechs Birnen.
Mache eine Sauce aus Wein und Honig,
reibe Pfeffer und Anis als Würze hinein.
Dann mache einen Pfannkuchen aus fünf Eiern,
back ihn in der Pfanne.
Gib die Füllung darauf
und lege den Pfannkuchen zusammen.
Decke eine Schüssel darauf und
drehe dann die Pfanne um.
Schneide oben in den Pfannkuchen ein Loch und
gieße
die Sauce hinein, aber begieß den Pfannkuchen nicht.
Das heißt Hühner vom Rheingau.
Gib es hin.«

(Rezept für ein »Rheingauer Huhn« aus dem »buoch von guoter spise«, um 1350)

Adel verpflichtet – zu guten Tischmanieren und feinster Kochkunst. Diese Miniatur von Anfang des 15. Jahrhunderts zeigt, wie fürstlich am Hof des Herzogs von Berry gespeist wurde.

Gewürze wie Pfeffer und Anis wie im oben zitierten Rezept gab es natürlich nur in einem gut situierten, städtischen Haushalt. Sie waren sehr wertvoll – daher galt das Sparen an Gewürzen als geizig und damit unhöflich. Deshalb kann man davon ausgehen, dass die meisten Speisen auf mittelalterlichen Tafeln ordentlich überwürzt waren – für unsere heutigen Gaumen wahrscheinlich kaum genießbar. Der Eigengeschmack war nach der Zubereitung wohl oft nicht mehr herauszuschmecken. Auch mithilfe von Farben wurde das Essen übrigens verfremdet: Fleisch und Fisch leuchteten dem hungrigen Gast an der Tafel der Wohlhabenden in grün, blau, rot und gelb entgegen, oder sie wurden kleingehäckselt und in neue Formen gebracht. Aus Tischbrunnen sprudelten Wein und Orangenwasser. Von Kopf bis Fuß vergoldete Gänse, Lämmer oder gar Hirsche schmückten die Tafeln. Bei Tisch zeigte man, was man hatte. Essen war *das* Statussymbol schlechthin, damit wurde geprotzt, was das Zeug hielt.

Bei besonders hochgestellten Persönlichkeiten wurden regelrechte Schauessen veranstaltet, mit Publikum auf den billigen Plätzen, das sich mit den Augen sattsehen musste ...

Was kam auf der Hochzeitsfeier Karls des Kühnen 1468 auf den Tisch?

a) ein Pastetenberg, aus dem eine Herde Wildpferde galoppierte

b) ein aus Zuckerguss nachgestelltes Ritterturnier in Originalgröße

c) ein gewaltiger Wal, aus dessen Maul singende Meerjungfrauen spazierten

Sollte bei der Hochzeitsfeier Karls des Kühnen ein Pastetenberg auf der Tafel gestanden haben, dann sicher ohne Wildpferde darin. Gut möglich, dass aber etwas anderes in der Pastete versteckt war, denn solche Spiele waren bei Prunkmahlen sehr beliebt: Häufig waren in ihnen lebende Vögel oder Kaninchen versteckt, die irgendwann zur Begeisterung der Anwesenden überraschend freigelassen wurden und durch den Saal flogen oder über den Tisch hüpften. Beim legendären Fasanenfest von 1453 im französischen Lille spielten gar zwanzig Musiker in der Pastete auf.

Auch Zucker war im späteren Mittelalter von keinem Festessen wegzudenken, und auch damit wurde gerne »gebastelt«. Von einem nachgebauten Ritterturnier ist aber nichts bekannt. Allerdings wurden aus den vorhandenen Speisen häufig Schlacht- oder Jagdszenen sowie Schiffbrüche nachgestellt.
Tatsächlich erfreute Karl der Kühne, im 15. Jahrhundert Herzog von Burgund, seine Gäste – oder besser sein Publikum – mit einem echten Wal, aus dem ein als Nixen verkleideter Frauenchor herauskam.

Die Reichen brauchten vom Schlaraffenland eben nicht zu träumen, sie schufen sich selbst eines. Je bombastischer die Inszenierung, desto mehr Ansehen konnte man sich damit verschaffen. Dass die Gäste die riesigen Mengen, die bei solchen Events aufgetischt wurden, unmöglich vertilgen konnten, war völlig egal – Hauptsache, der Gastgeber war im Gespräch.

> *»Da sah man güldene Häuser, güldene Türme und güldene Berge aufsetzen, da flogen lebendige Vögel darinne, zum Schauessen. (...) Alle Gefäße waren golden und silbern, darin stunden Pfauen, Schwäne und Hühner in ihrer Gestalt, mit ihren Federn, die doch gekocht waren, dass man davon essen konnte.«*
>
> (Bericht eines Gastes von einem Festmahl des 1395 gestorbenen Erzbischofs Albrecht von Bremen für 500 Personen)

Aber auch manch bessergestellter Bürger brauchte auf das Brimborium bei Tisch nicht ganz zu verzichten. Beliebt wegen seiner Wirkung, dabei vergleichsweise einfach in der Herstellung, war zum Beispiel der feuerspeiende Pfau: Dem Vogel wurden Haut und Federn vorsichtig abgezogen und nach dem Braten (mit Kopf- und Schwanzschutz!) wieder übergestreift. In den Schnabel steckte man etwas Brennbares, das beim Servieren angezündet wurde.

An Fastentagen musste man sich allerdings ein wenig zurückhalten, denn dann durfte kein Fleisch gegessen werden. Wer sich nicht danach richtete, konnte hart bestraft werden. Polnische Fürsten gingen gegen den Verstoß des kirchlichen Gesetzes besonders brutal vor: Die Sünde wurde mit dem Ausbrechen der Zähne geahndet. Und Karl der Große forderte dafür sogar die Todesstrafe. Besser also, man hielt sich dran ...

Wie viele Fastentage hatte das Jahr?

a) 52

b) 77

c) 148

Es ist kaum zu glauben, aber die Menschen im Mittelalter mussten tatsächlich fast die Hälfte des Jahres fasten: an 148 Tagen im Jahr! Verboten waren an solchen Tagen neben Fleisch auch Eier, Milch und Käse. Fisch war erlaubt – aber der machte nach Ansicht der meisten Menschen nicht richtig satt. (Eine Einstellung, die man noch heute vor allem bei Anhängern der gutbürgerlichen Küche finden dürfte.) Deshalb wurden Gerichte aus Feigen, Mehl und Fisch hergestellt, die wie Fleisch aussehen sollten – ähnlich wie sich manch ein Vegetarier heute Tofuwürste kauft, um sich Fleischgenuss vorzugaukeln.

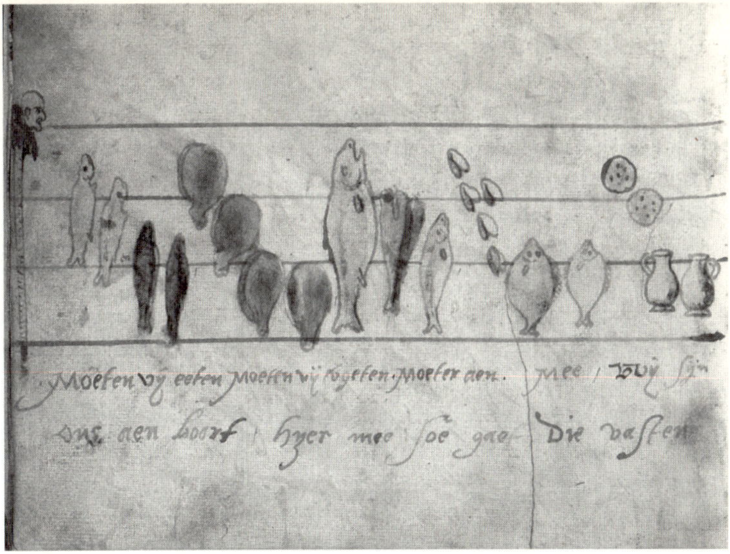

Machte zwar nicht satt, sah aber hübsch aus: Die Noten für dieses Lied, das in der Fastenzeit gespielt wurde, haben alle die Form von Lebensmitteln. Fisch war in der Fastenzeit erlaubt.

Dass man aber auch an Fastentagen nicht unbedingt darben musste, zeigt ein Blick auf den Menüplan für einen Bischof auf der Kärntner Burg Finkenstein von 1485. Der Kirchenmann bekam vorgesetzt: Mandelmus mit Kügelchen aus Weißbrot, frische gesottene Fische, gebratene Forellen mit Kraut, in Wein gekochte Krebse und Feigen, gekochten Reis mit Mandelmilch und Mandelkernen, in Wein gesottene Forellen, Schmalzgebäck mit Weinbeeren im Teig, Birnen, Äpfel und Nüsse.

Mäßigung beim Essen war eben nicht so recht die Sache des mittelalterlichen Menschen – wer konnte schließlich vorhersagen, ob die Speisekammer nächste Woche oder nächsten Monat noch genauso viel hergeben würde? Zwar herrschten nicht andauernd Hungersnöte, normalerweise wurde jeder satt. Aber es gab eben auch – selbst erlebt oder von Eltern oder Großeltern mit Schrecken berichtet – furchtbare Phasen von Hungersnöten, denen Tausende zum Opfer fielen. Ein globales Handelsnetz wie heute oder riesige Vorratsspeicher mit Nahrungsmitteln? Fehlanzeige. Eine Missernte durch schlechtes Wetter war unangenehm genug, zwei oder drei aufeinanderfolgende Ernteausfälle führten den jeweiligen Landstrich in die Katastrophe. Da war es dann egal, ob man arm oder reich war.

Wegen der Fressorgien, mit denen man der latenten Angst vor dem Hunger trotzte, riefen immer mehr Benimmschriften dazu auf, sich bei Tisch doch bitte ein wenig zusammenzureißen und sich nicht von blanker Gier überwältigen zu lassen. Vor allem an den Höfen der Adligen kursierten solche Vorläufer des berühmten Knigge, Dichter spotteten gern über die üblen Manieren ihrer Zeitgenossen.

»Mancher beträuft Tischtuch und Kleid,
legt auf die Schüssel wieder breit,
was ihm ist ungeschickt entfallen
Unlust bringt es den Gästen allen.

Andere wiederum sind so faul,
wenn die den Löffel fuhren zum Maul,
dann hängen sie den offnen Rüssel
so über Platte, Mus und Schüssel,
daß, fällt ihnen etwas dann darnieder,
dasselbe kommt in die Schüssel wieder.«

(der Jurist und Dichter Sebastian Brant in seiner 1495 erschienenen Satire »Das Narrenschiff«)

Selbst Erasmus von Rotterdam, der große Theologe und Humanist des Spätmittelalters, ließ sich zu einer Benimmschrift herab – er muss an den Tischsitten seiner Mitmenschen schier verzweifelt sein.

Rustikal geht es bei dieser Bauernhochzeit auf einem Holzschnitt von 1527 zu – einer der Gäste hat sich gar überfressen, was die anderen nicht zu stören scheint.

> *»Sie müssen sich am Kopf kratzen oder in den Zähnen bohren oder mit den Händen herumgestikulieren und mit dem Messer spielen, oder sie müssen husten und schnauben und spucken. Alles das kommt im Grunde von einer bäurischen Verlegenheit und sieht aus, wie eine Art von Verrücktheit.«*
>
> (Erasmus von Rotterdam in der kleinen Schrift »De civilitate morum puerilium«)

Ob Erasmus' Tipps heute noch ihre volle Gültigkeit hätten, ist allerdings fraglich. Bereits zerkautes Essen solle man nicht wieder auf den Tisch zurücklegen, fand er zum Beispiel, und verriet die seiner Meinung nach schicklichere Variante: »Wenn du etwas nicht herunterbekommst, dreh dich unauffällig um und wirf es irgendwohin.«

Zahlreiche Essensregeln – oder »Tischzuchten«, wie es im mittelalterlichen Deutsch heißt – sind uns durch solche Traktate überliefert. Die abgenagten Knochen solle man bitte nicht wieder in die gemeinsame Schüssel zurückwerfen, hieß es. Man sollte nicht mit anderen vom selben Löffel essen und nicht ins Tischtuch schnäuzen. Auch lautes Schmatzen galt als unfein.

> *»Die Art des Kauens ist je nach den Orten oder Ländern, in denen man sich aufhält, verschieden. Denn die Deutschen kauen mit geschlossenem Mund und finden es hässlich, anders vorzugehen. Im Gegensatz dazu öffnen die Franzosen den Mund halb und finden die Vorgehensweise der Deutschen etwas abstoßend.«*
>
> (der Franzose Calviac in seiner Benimmschrift »Civilité«)

Die Frage, ob man mit offenem oder geschlossenem Mund kauen sollte, dürfte wohl eines der wenigen Male in der Geschichte der Esskultur sein, wo sich das Deutsche gegen das Französische durchgesetzt hat. Aus Italien, genauer aus Venedig, kam dagegen eine merkwürdige neue Sitte, die das ganze Mittelalter hindurch keinen Widerhall in Europa fand ...

Was suchte man auf einem mittelalterlichen Tisch vergebens?

a) Messer

b) Gabel

c) Löffel

Ein Messer besaß jeder, man trug es am Gürtel mit sich und brachte es zu Essenseinladungen selbst mit. Es kam bei Tisch ständig zum Einsatz, nicht nur zum Schneiden, sondern auch zum Aufspießen von zerkleinerten Fleischstücken, die man mit dem Messer zum Mund führte. Zum Besteck gehörte auch der Löffel, der allerdings im Gegensatz zu heute nicht oval, sondern rund und deutlich flacher war – man musste den Mund schon ziemlich weit aufmachen.

Kaum vertreten war dagegen die Gabel. Sie wurde äußerst misstrauisch beäugt. Ein venezianischer Doge hatte im 11. Jahrhundert eine griechische Prinzessin geheiratet, die ihre eigene Gabel zur Essenstafel mitbrachte – in ihren Kreisen offenbar ein übliches Esswerkzeug. In Venedig hingegen führte das zu einem handfesten Skandal: Geistliche tadelten den Gabeleinsatz als »übertriebene Feinheit«, und als die arme Frau später von einer Krankheit befallen wurde, die sie ziemlich entstellte, wurde das als göttliche Strafe angesehen. Die Gabel mit ihren Zacken galt außerdem als ein Werkzeug des Teufels.

Noch bis ins 17. Jahrhundert war sie auf Europas Tischen selten zu finden. Stattdessen wurde meistens lustvoll mit bloßen Händen zugelangt – mit gutem Essen machten sich die Menschen eben gern die Finger schmutzig. Daran mag denken, wer heute genüsslich seine Muscheln isst ...

Tipps zum Weiterlesen:

Gunther Hirschfelder: Europäische Esskultur. Geschichte der Ernährung von der Steinzeit bis heute, Frankfurt/Main 2005. Ein Überblick über die Ernährung im Lauf der Geschichte, sachlich und trotzdem unterhaltsam geschrieben.

Trude Ehlert: Das Kochbuch des Mittelalters, Düsseldorf 2000. Eine ausführliche Sammlung von Originalrezepten zum Nachkochen. Guten Appetit!

02

Wolfsherz und Wieselblut

Von der Medizin und ihren Folgen

Wer im Mittelalter krank wurde, tat nicht unbedingt gut daran, einen Arzt aufzusuchen: Wenn man sowieso schon geschwächt war, konnte die ärztliche Behandlung nämlich fatale Folgen haben. Die mittelalterlichen Mediziner peinigten ihre Patienten mit äußerst unangenehmen Prozeduren – der berüchtigte Aderlass zum Beispiel hat, exzessiv angewendet, wohl manchem Kranken den Rest gegeben. Dabei wurde man sein Blut wegen aller möglichen Gebrechen los.

Nichts für Feinmotoriker: Mit Instrumenten wie diesen »Lass-Eisen« öffneten Ärzte ihren Patienten die Blutgefäße für den Aderlass – und verursachten damit nicht selten tiefe Wunden.

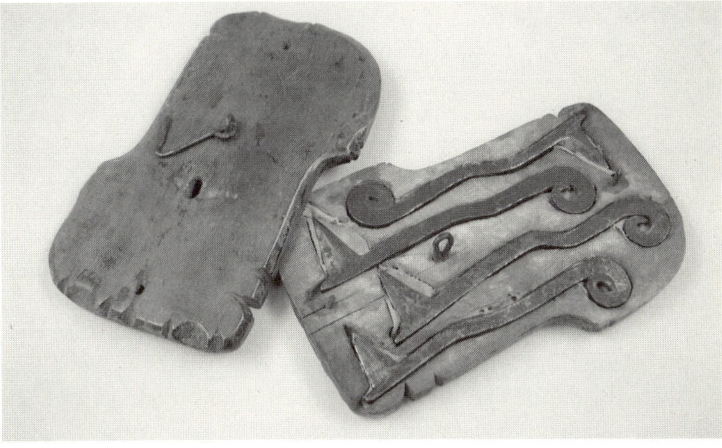

»Das Herz zittert bisweilen und ist krank ... Kommen die Beschwerden von zu großer Hitze und zu großer Menge an Blut, so sollst du zur Ader lassen auf der linken Hand und ihn mit Pappelsalbe oder Veilchenöl einreiben.«

(der Würzburger Arzt Ortolf von Baierland in seinem »Arzneibuch« um 1280)

Auch heute zapfen Ärzte ihren Patienten bei einigen sehr seltenen Krankheiten Blut ab – aber im Mittelalter galt die Methode als das Allheilmittel schlechthin. Auch beim ebenfalls beliebten Schröpfen wurde dem Patienten Blut entzogen: Dabei wurde die Haut eingeritzt und ein gläserner Schröpfkopf angebracht, der sich per Unterdruck festsaugte. Damit nicht genug der Marter: Bei den durch Krankheit und Blutverlust Geschwächten kamen, um die »Behandlung« zu komplettieren, dann gerne auch noch Abführmittel zum Einsatz ...

Was gehörte noch zum Kanon der üblichen Behandlungsmethoden im Mittelalter?

a) den Patienten mit einer Gänsefeder unter den Füßen kitzeln

b) den Patienten mit Niespulver traktieren

c) den Patienten mit grausamen Masken erschrecken

Gänsefedern und Masken kamen am Krankenbett wohl nicht zum Einsatz, aber oft versuchten Ärzte, ihre Patienten zum Niesen zu bringen. Zur Herstellung des Niespulvers eigneten sich verschiedene Pflanzen, etwa die nach ihrer besonderen Eigenschaft benannte Nieswurz. Das Niesen hatte – ebenso wie Aderlass, Schröpfen oder Abführen – vor allem eines zum Ziel: den Kranken von vermeintlich überflüssigen Körpersäften zu befreien. Die Erklärung für alle Krankheiten lieferte laut Ansicht der mittelalterlichen Mediziner nämlich die sogenannte »Säftelehre«, ein Werk des antiken griechischen Arztes Galen. Nach dieser Theorie besteht der Körper aus den vier »Säften« Blut, Schleim, gelbe und schwarze Galle. Nimmt einer dieser Säfte überhand, oder gerät das Verhältnis auf andere Art ins Ungleichgewicht, wird man krank.

> *»Und es entsteht der Schnupfen in fünf Arten: aus Überfluss der Körpersäfte, die fließen, weil die Kraft fehlt, sie zu halten; aus Hitze, die die Körpersäfte löst ... aus Kälte, die die Körpersäfte zusammenschnürt und hinausdrückt, oder aus Feuchtigkeit, welche sie schlüpfrig macht; aus Flüssigkeit und Fließfähigkeit der Säfte selbst; aus Schwäche der zusammenhaltenden Kraft.«*
>
> (der Arzt Johannes Platearius von Salerno im 12. Jahrhundert)

Zugegeben, das ist eine sehr kreative Erklärung für die Entstehung von Krankheiten. Aber auch vor der Entdeckung von Viren und Bakterien versuchte man eben, die Ursachen körperlicher Leiden zu verstehen. Die Heilkundigen des Mittelalters standen rat- und hilflos vor Krankheiten, deren Auftreten auf Gott zurückgeführt wurde, weil dieser die Menschen für begangene Sünden strafte. Oft beteten Ärzte während der Behandlungen, um den Heilungsprozess zu unterstützen, oder sprachen sogenannte »Wundsegen«.

> *»Got, der wein und wasser hat geschaffen, der haile diese wunden.«*
>
> (aus einer Handschrift der Franziskaner im16. Jahrhundert)

Auch Magie und Hexerei waren übrigens anerkannte Krankheitsgründe – selbst bei Angehörigen der Kirche. Und oft murmelten Ärzte bei Behandlungen oder beim Herstellen von Arzneien statt Gebeten magische Beschwörungsformeln vor sich hin.

> *»Nach Sonnenaufgang ritze die Haut am Hals, lass schweigend das Blut in ein rinnendes Wasser laufen, spucke dreimal hinein, dann sprich: Nimm diese Krankheit und nimm sie mit dir fort. Dann geh heim auf offener Straße, geh schweigend hin und zurück.«*
>
> (Anweisung nach dem Auftragen einer Salbe gegen Hautkrankheiten aus England um 950)

Krankheiten konnten einem im Mittelalter im Prinzip von jedem böswilligen Mitmenschen angehext werden. Diese Erklärung war natürlich sehr beliebt – schließlich konnte man damit den Schwarzen Peter an einen Unbekannten oder den ungeliebten Nachbarn weiterreichen, statt die Erkrankung als Strafe Gottes für eigene Sünden ansehen zu müssen. Gegen den Krankheitszauber sollten Amulette und Zaubersprüche schützen. Oder eine gründliche Durchsuchung des Zimmers: So empfahl etwa Arnold von Villanova, einer der berühmtesten Ärzte seiner Zeit, bei Impotenz unter dem Bett nachzusehen – womöglich hatte jemand heimlich den Hoden eines Hahns oder einen mit Fledermausblut beschriebenen Zettel mit Zaubersprüchen unter dem Bett versteckt.

Eine weitere Erklärung für das Entstehen von Krankheiten bot der Blick in den Himmel: Eine ungünstige Sternenkonstellation konnte durchaus Einzelne krank machen, sogar Epidemien auslösen. Davon war man so überzeugt, dass die Mediziner an den Universitäten viel ihrer Zeit damit verbrachten, Astrologie als Wissenschaft zu betreiben. Ein verantwortungsvoller Arzt erstellte dem Kranken erst einmal ein detailliertes Horoskop und errechnete vor dem Aderlass oder einer anderen Behandlung, wann die Sterne dafür am günstigsten standen – man konnte nur hoffen, dass der Patient bis dahin noch am Leben war.

Neben diesen Behandlungen kamen selbstverständlich Medikamente in großer Zahl zum Einsatz: Mit Honig, Wachs oder Fetten wurden die Wirkstoffe in eine haltbare Form gebracht – und als Pillen, Pulver, Salben, Sirup oder Gurgellösungen und sogar als Zäpfchen verabreicht. Und manchmal wirkten die Arzneien sogar ...

Welchen Wirkstoff kannte man im Mittelalter noch nicht?

a) Kortison

b) Salicylsäure (Aspirin)

c) Penicillin

Kortison ist ein körpereigenes Hormon, das vor allem bei Asthma oft lebenswichtig ist und bei Entzündungen und Allergien hilft. Die Menschen im Mittelalter konnten davon allerdings noch nicht profitieren – es wird erst seit den 30er-Jahren des 20. Jahrhunderts synthetisch hergestellt. Wohl schon vor Jahrtausenden – und auch im Mittelalter – kannten die Menschen dagegen die schmerzlindernde Wirkung der Salicylsäure: Der Stoff sitzt in der Weidenrinde, auf der schon die Germanen bei Kopfschmerzen kauten. Indianer bestrichen sich aus dem gleichen Grund die Stirn mit einem Brei aus Weidenrinde. Und nicht nur Menschen haben die schmerzlindernde Wirkung entdeckt: 2001 fanden Jäger in Alaska einen dicken Packen Weidenrinde auf dem entzündeten Zahn eines Grizzly – dabei gehören Weiden sonst nicht auf den Speiseplan der Bären. Künstlich hergestellt und als Aspirin verkauft wird Salicylsäure seit Ende des 19. Jahrhunderts.

Und noch einen äußerst nützlichen Wirkstoff kannte man tatsächlich schon im Mittelalter: Penicillin. Der Schimmelpilz, der Bakterien tötet, wurde schon von damaligen Heilkundigen benutzt. Natürlich sprachen sie nicht von »Penicillin«, wenn sie zum Beispiel schimmelige Lappen über einen langen Zeitraum auf Wunden einwirken ließen. Aber immerhin hatten sie bemerkt, dass bestimmte Schimmelsorten die Heilung beschleunigten. Schon im Lorscher Arzneibuch von 788 wird empfohlen, solch einen Pilz unter anderem aus Honig und Schafskot zu züchten. Auch die Exkremente anderer Tiere wurden häufig als Arzneimittel verwendet.

> *»Für den brandt*
> *Stoße eselkodt dünne, der noch waich ist, den straich einem auf den brandt.«*
>
> (gewöhnungsbedürftige Brandsalbe aus dem »Buch der Medizin«, erschienen in Heidelberg 1526–1544)

Pflanzenmedizin stand schon im Mittelalter hoch im Kurs – zum Beispiel Knoblauch, wie diese Abbildung aus dem Buch »Über die einfachen Heilmittel« des Arztes Matthaeus Platearius beweist (um 1470).

Gegen viele Krankheiten war allerdings mit mittelalterlichen Medikamenten nichts auszurichten. Oft beinhalteten die Mixturen wunderliche Zutaten wie Wolfsherzen, Wieselblut oder pulverisierte Edelsteine – je ausgefallener, desto besser, denn man glaubte, dass als unheimlich empfundene Krankheiten wie Schlaganfälle oder Epilepsie ungewöhnliche Heilmittel erforderten. Immerhin dürfte der Placebo-Effekt beim Genuss eines solchen Zaubertranks enorm gewesen sein.

Im Prinzip mussten sich die Menschen im Mittelalter mit den gleichen Krankheiten herumschlagen wie wir heute. Man litt schon damals unter Grippe, Windpocken, unter Migräne, Blasensteinen oder Schlafstörungen. Auch die meisten psychischen Krankheiten sind keine Erfindung der Moderne: Schon im Mittelalter kannte man die Symptome von Angststörungen, Schizophrenie oder Depressionen.

Andererseits lauerten Gefahren, die wir in unserer TÜV-geprüften Umwelt kaum noch kennen: gefährliche Brunnenschächte, offene Feuerstellen, vollkommen ungesicherte Arbeitsplätze. Häufig hatten es die Ärzte auch mit Tierbissen zu tun. Archäologen entdeckten bei der Untersuchung mittelalterlicher Kloaken, dass es dort von Parasiten nur so wimmelte: Die Eier haben sich tief verschüttet bis heute erhalten. Durchfälle und Bandwürmer waren wegen der oft üblen hygienischen Zustände an der Tagesordnung.

An den Universitäten büffelten die Studenten vor allem antike Theorien. Ab ca. 1100 waren außerdem die Lehren aus dem Orient der letzte Schrei an den Hochschulen, meist waren aber auch sie lediglich Weiterentwicklungen der alten Schriften. Eifrig studiert wurde zum Beispiel der menschliche Körperbau – auch dazu hatte der Grieche Galen ein umfassendes Werk vorgelegt. Das Problem: Er hatte für seine anatomischen Erkenntnisse wohl ausschließlich Schweine seziert. Das wusste man im Mittelalter allerdings noch nicht ...

So kam es in medizinischen Hörsälen zu absurden Situationen. Der Professor las in der Regel laut aus Galens Schriften, während ein Mitarbeiter parallel vor den Augen der Studenten eine Leiche aufschnitt und auf die angesprochenen Organe zeigte. Oft genug wurden die Unterschiede zwischen Galens Ausführungen und dem, was tatsächlich zu sehen war, offensichtlich – ein Schweinemagen sieht nun einmal anders aus als ein menschlicher. Dafür musste dann schnellstmöglich eine Erklärung gefunden werden; meist wird wohl die Unfähigkeit des armen Mitarbeiters schuld gewesen sein, der die Sektion vornahm.

Während einer Anatomie-Vorlesung im 15. Jahrhundert wird ein Toter seziert. Etwa 100 Jahre später wurden solche Veranstaltungen zu Publikumsmagneten und fanden in öffentlichen Gebäuden statt.

Rund 1000 Jahre – bis zum Ende des Mittelalters und noch einige Zeit darüber hinaus – glaubten Gelehrte ein paar alten Schriften mehr als den eigenen Augen. Die antiken Schriften erklärten doch alles, behauptete man. Wozu dann noch weiterforschen? Lesen und Auswendiglernen genügten vollkommen. Kein Wunder also, dass in der gesamten Zeit des Mittelalters praktisch nichts Neues über den menschlichen Körper herausgefunden wurde.

»An medicinischer Literatur war Überfluss, Mund- und Schreibfertigkeit ohne Beispiel; aber niemals ist, so lange in der Welt geistige Arbeit geschieht, bei so viel Geschäftigkeit so wenig zu Stande gekommen.«

(spöttische Einschätzung der Ausbildung mit Galens Schriften aus einer »Geschichte der Medicin« von 1859)

Besser aufgehoben war man als Patient hingegen bei einem der sogenannten »Wundärzte« oder Chirurgen. Der Wundarzt wurde offiziell »Medicus« genannt und hatte sich im Lauf des Mittelalters vom studierten Arzt, dem »Physicus«, getrennt – er absolvierte statt des Studiums eine Art handwerkliche Ausbildung. Nach heutigen Maßstäben waren die Chirurgen ihren akademischen Kollegen um einige Nasenlängen voraus: Zwar waren auch sie machtlos bei Infektionskrankheiten, aber in ihrem Einsatzgebiet konnten sie durchaus etwas ausrichten. Wundärzte kamen vor allem zum Zuge, wenn es blutig wurde: Sie nähten zum Beispiel Wunden, und zwar in nahezu der gleichen Nähtechnik wie heutige Ärzte. Auch konnten sie – durchaus erfolgreich – Knochenbrüche schienen und führten Operationen durch. Die technischen Möglichkeiten zur Herstellung von Instrumenten waren zwar begrenzt, aber man wusste sich zu helfen: Zum Entfernen von Kugeln aus Schusswunden verwendete man Storchen- oder Rabenschnäbel, wenn keine Zange zur Hand war. Verbände wurden mit Harz oder Eiweiß gehärtet – die Vorläufer des Gipsverbands.

Wundärzte waren hartgesottene Gesellen – und das mussten auch ihre Patienten sein. Schließlich wurden Schusswunden mit siedendem Öl gereinigt, Tumore mit Brenneisen ausgebrannt. Diese Verfahren kamen häufig zum Einsatz, denn man glaubte, das Brennen unterbreche den Fluss schädlicher Säfte (von der Säftelehre waren Heilkundige quasi fachübergreifend überzeugt).

> *»Wer Rückenschmerzen hat, soll zwischen den Schultern leicht gebrannt werden oder an den Armen dort, wo man einen Verband anlegen kann, mit einem glühenden Eisen gebrannt werden.«*
>
> (die Mystikerin und Äbtissin Hildegard von Bingen um 1150)

Glück hatte, wer vor solchen Prozeduren betrunken gemacht wurde. Manche Operateure verwendeten zur Narkose vor

Nichts für schwache Gemüter: Ein Chirurg amputiert ein Bein – freilich ohne Betäubungsmittel. Der Mann mit der verbundenen Faust im Hintergrund steht bereit, um den Patienten bei Bedarf ohnmächtig zu schlagen (Holzschnitt aus dem Jahr 1517).

schmerzhaften Operationen auch sogenannte Schlafschwämme. Das waren Meeresschwämme, die mit Bilsenkraut- oder Mohnsaft getränkt und dann getrocknet wurden. Vor der Operation feuchtete man sie an und legte sie dem Patienten aufs Gesicht. Leider war die Dosis schwer zu kontrollieren, und manchmal hatte der Schlafschwamm den Patienten schon ins Jenseits befördert, bevor der Chirurg sein Operationsbesteck überhaupt ansetzen konnte. Eine Operation am offenen Körper endete allerdings nicht selten auch wegen der Infektionsgefahr tödlich.

»Was vermögen schon die Ärzte mit ihren Instrumenten? Sie verursachen mehr Schmerzen als sie lindern.«

(Klage des Bischofs Gregor von Tours im Jahr 573)

Kein Wunder, dass die Menschen nicht sehr alt wurden. Mit vierzig oder fünfzig Jahren hatte man nach damaligem Empfinden schon ein biblisches Alter erreicht ...

Was gab es im Mittelalter noch nicht?

a) Thrombosestrümpfe

b) Bruchbänder

c) Dritte Zähne

Obwohl die Menschen nicht alt wurden – unter Krampfadern hatten sie schon zu leiden. Dagegen trug man enge Ledergamaschen, die wie heutige Thrombose- oder Stützstrümpfe Druck auf die Venen ausübten. Und auch Bruchbänder wurden das ganze Mittelalter hindurch getragen. Leistenbrüche waren nämlich ziemlich verbreitet und konnten von Wundärzten auf diesem Wege einigermaßen gut behandelt werden.

Künstliche Gebisse gab es allerdings noch nicht. Man kannte auch keine Brücken oder Füllungen, obwohl schon antike Völker wie die Ägypter oder die Etrusker Zahnlöcher mit Harz oder Gold stopften und Lücken im Gebiss mit künstlichen Zähnen aus Elfenbein überbrückten. Im Lächeln der meisten mittelalterlichen Menschen allerdings blitzten wahrscheinlich etliche Zahnlücken und schwarze Stummel. Gegen Karies und Parodontose halfen lediglich Schmerzmittel oder als letzter Ausweg die Zange eines über die Dörfer ziehenden sogenannten »Baders«, der vor allem die arme Bevölkerung behandelte. Ein schmerzender Zahn war auf Dauer nicht nur unerträglich, sondern konnte zum Tod führen, wenn die Entzündung eine Blutvergiftung auslöste. Vor dem Gang zum sogenannten »Zahnbrecher« konnte man sich also nicht ewig drücken. Schon um der schmerzhaften »Behandlung« mit der Zange zu entgehen, legten die Menschen deshalb viel Wert auf ihre Zahnpflege.

»Ein Pulver, weiße Zähne zu machen
Schäle die Häute von Eierschalen, dazu tu viel gepul-

verten weißen Galizienstein [Zinksulfat]. Feuchte dann ein weißes Leinentuch in Rosenwasser an. Darauf tue ein wenig von dem Pulver und reibe die Zähne damit ..., danach wasch sie sauber mit frischem Wasser.«

(aus dem Heidelberger »Buch der Medizin«, 1526–44)

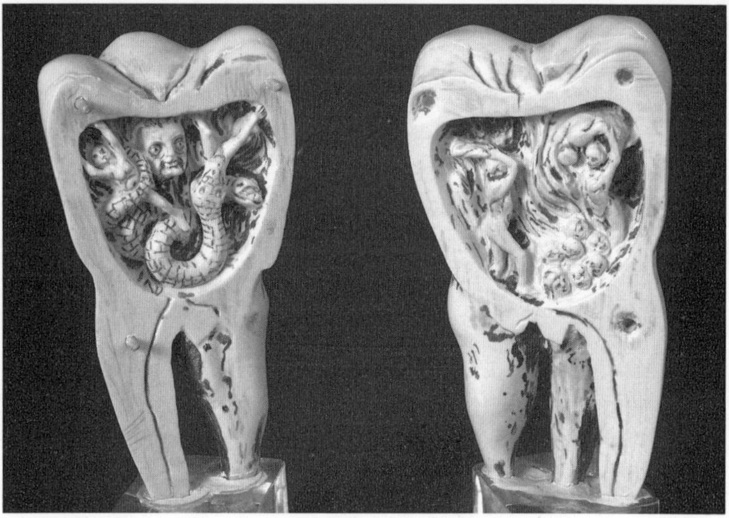

Ein Vorgänger von Karius und Baktus: Jahrhundertelang glaubten die Menschen, dass der Zahnwurm Löcher in den Zahnschmelz frisst. Hier ein kunstvolles Modell aus dem 17. Jahrhundert.

Schuld am Zahnschmerz war nach damaliger Meinung ein Zeitgenosse, den man kaum in »Brehms Tierleben« finden wird: der Zahnwurm. Dieses gar nicht possierliche Tierchen plagte die Menschen noch bis weit ins 18. Jahrhundert. Und sogar im Jahr 1830 beschwor ein schlesischer Zahnarzt in einer Fachzeitschrift noch hartnäckig die Existenz des kleinen Quälgeistes. Mit regelrechten Zaubertricks bestärkten die herumreisenden Bader die Menschen in dem Glauben an den Wurm: Beispielsweise zog ein solcher Quacksalber vor den Augen seines staunenden Publikums aus dem Mund eines Komplizen Würmer, die vorher geschickt dort platziert worden waren. Die von Zahnweh Gebeutelten standen nach so einer Showeinlage natürlich Schlange.

> *»**Quacksalber.** Entlehnt aus nndl. kwakzalver, angeblich ›kwakender Salber‹, zu mnl. quaken ,›schwatzen, prahlen‹, also eine Art Marktschreier.«*
>
> (aus dem »Etymologischen Wörterbuch der deutschen Sprache«)

Während es sich viele Bader vor allem zur Aufgabe gemacht hatten, den Leuten mit Tricks und obskuren Medikamenten das Geld aus der Tasche zu ziehen, gab es durchaus auch Orte, an denen man als Kranker gut aufgehoben war ...

Wohin ging man im Mittelalter, wenn man ins Krankenhaus musste?

a) ins Kloster

b) ins Gefängnis

c) nirgendwohin – es gab keine Krankenhäuser

Spitäler gab es im Mittelalter schon. Allerdings nicht im Gefängnis: Die Eingekerkerten litten in feuchten, dunklen Löchern an Hunger, Kälte und Ungeziefer – kaum der richtige Ort, um wieder gesund zu werden. Im Kloster war die Chance größer, sich zu erholen, denn dort war seit dem frühesten Mittelalter fast immer auch ein Hospital eingerichtet. Die Mönche waren oft Laienärzte, ihre Kenntnisse eine Mischung aus den antiken Lehrmeinungen der Universitäten und einer mündlich über die Jahr-

Das Hospitalzimmer aus dem 15. Jahrhundert im französischen Beaune ist noch erhalten. So luxuriös, wie es aussieht, war das Kranksein aber nicht: In den schmalen Betten mussten mehrere Patienten nebeneinanderliegen.

hunderte weitergegebenen Volksheilkunde. Krankenpflege war für die Geistlichen ein barmherziger Akt; nach dem Verständnis der Kirche war das Leid eines Kranken vergleichbar mit den Leiden Jesu.

> *»Die Sorge für die Kranken muss vor und über allem stehen: man soll ihnen so dienen, als wären sie wirklich Christus.*
> *Aber auch die Kranken mögen bedenken, dass man ihnen dient, um Gott zu ehren; sie sollen ihre Brüder, die ihnen dienen, nicht durch übertriebene Ansprüche traurig machen.*
> *Doch auch solche Kranke müssen in Geduld ertragen werden ...*
> *Die kranken Brüder sollen einen eigenen Raum haben und einen eigenen Pfleger, der Gott fürchtet und ihnen sorgfältig und eifrig dient.«*
>
> (aus der Benediktinerregel, aufgestellt von Benedikt von Nursia im 6. Jahrhundert)

Geistliche, die als Ärzte arbeiteten, standen allerdings in ständigem Widerspruch zu den Lehren der Kirche: Wenn Krankheiten von Gott kamen, wie konnte sich dann der Mensch erdreisten, sie eigenmächtig zu heilen und damit Gott ins Handwerk zu pfuschen? Über Jahrhunderte redeten sich Theologen und Mediziner über dieses Problem die Köpfe heiß.

Schließlich verbot die Kirche ihren Priestern im Jahr 1215, den Arztberuf auszuüben. Dieses Verbot setzte sich allerdings nur langsam durch, und erst im Laufe des 14. Jahrhunderts gaben auch die Klöster ihre medizinische Versorgung allmählich auf. Das heilkundige Wissen der Mönche verschwand für lange Zeit in den Klosterbibliotheken. Gerade in den letzten Jahren erlebt die Klosterheilkunde allerdings eine Renaissance: Pharmakologen und Pharmafirmen untersuchen eifrig die damals verwendeten Kräuter auf wissenschaftlich nachweisbare, medizinisch wirksame Bestandteile.

In den mittelalterlichen Klostergärten wurden Salbei und Kamille, Fenchel oder Schlafmohn nach strengen Regeln angepflanzt. Aus Kostengründen konzentrierte man sich dabei auf einheimische Pflanzen. Dass die von den Mönchen beschriebene Wirkung vieler Heilkräuter auch unter modernen Forschungsbedingungen häufig bestätigt wird, verwundert eigentlich nicht: Schließlich beobachteten die Mönche die Pflanzen über Jahrhunderte, experimentierten und hielten alles genau fest – nicht selten konzentrierte sich ein Mönch sein Leben lang auf eine einzige Pflanze. Heutige Pharmaunternehmer können sich über eine so gründliche Vorarbeit die Hände reiben: Für solch eine Hingabe hat man in modernen Labors wahrscheinlich weder Zeit noch Geld – aber man lernt dort begierig vom Mittelalter. Denn nicht nur bei den Chinesen, auch bei uns gibt es eine traditionelle Medizin.

Tipps zum Weiterlesen:

Kay Peter Jankrift: Mit Gott und schwarzer Magie. Medizin im Mittelalter, Darmstadt 2005. Eine reich bebilderte, ausführliche Übersicht über alle Facetten der mittelalterlichen Heilkunst.

Johannes G. Mayer, Bernhard Uehleke, Pater Kilian Saum: Handbuch der Klosterheilkunde, München 2002. Das alte Wissen über Heilpflanzen im Licht neuerer Forschung.

03

Willst Du Ärger?

Ritter zwischen Kampftraining und Frauendienst

Kein Mittelalterfilm ohne Ritter. Schließlich gelten sie bis heute als Sinnbild für diese Zeit – wir stellen sie uns vor als heldenhafte und bestens ausgerüstete Kämpfer, die ihren Feinden unerbittlich gegenübertraten, zu den feinen Damen hingegen galant waren. So war das auch – jedenfalls so ungefähr. Zu Beginn des Mittelalters gab es den Ritter – so wie wir ihn kennen – noch nicht. Erst seit Karl dem Großen bildete sich die Ritterschaft als Stand der Berufssoldaten heraus. Sie übernahmen die militärische Schwerstarbeit, wenn dem Herrscher danach war – etwa bei den Kreuzzügen, die ohne Ritter kaum denkbar gewesen wären.

Im Prinzip war ein Ritter dauernd unterwegs: zum verärgerten Nachbarn, zum König, zu einem Turnier oder gar ins Heilige Land. Vor allem die Verpflichtungen als Kämpfer kamen so regelmäßig wie der Frühling. Rief der König zur sogenannten »Heeresfolge«, schickte er einen entsprechenden Brief an seine Gefolgsleute mit Datum und Ort sowie einer Liste mit Dingen, die sie mitzubringen hatten. Aber das war noch nicht alles ...

Woran erinnerten Aufrufe zur »Heeresfolge« in der Regel noch?

a) Musikkapellen sollten nicht vergessen werden.

b) Unpünktliches Erscheinen wurde mit Strafe geahndet.

c) Es wurde angemessene Kleidung erwartet.

Ein Ritter musste zwar an vieles denken, aber für die musikalische Unterhaltung sorgte dann doch in der Regel der Gastgeber. Einen Troubadour brauchte er auch deshalb nicht mitzubringen, weil die besten Minnesänger und Dichter ohnehin selbst zum Ritterstand gehörten. Ihre Balladen von schönen Fräulein und edlen Recken stammten gewissermaßen aus erster Hand. Und auch der Hinweis auf angemessene Kleidung war überflüssig – in punkto Eitelkeit konnte den Herren Rittern nämlich niemand etwas vormachen: Sagenheld Siegfrieds samtschwarzer Rock, sein Zobelhut und die reichen Borten an seinem Köcher oder Parzivals Pfauenhut waren mittelalterlichen Dichtern sorgfältige Beschreibung wert.

Tatsächlich war allerdings der besondere Hinweis auf Pünktlichkeit sinnvoll: »Zur Heeresfolge aufgerufene Gefolgsleute, die nicht rechtzeitig am angesagten Versammlungsort eintreffen, erhalten so viele Tage weder Fleisch noch Wein, wie sie sich nachweislich verspätet haben«, vermerkte etwa Karl der Große in einem Brief an einen Gefolgsmann. Wer zu spät kam, verärgerte den Herrscher. Gar nicht zu erscheinen, war auch keine gute Idee. Wer sich als freier Mann weigerte, seiner Pflicht zum Heeresdienst nachzukommen, wurde mit einer hohen Buße belegt.

Unter Karl dem Großen konnte diese dem Preis von zwanzig Stuten oder dreißig Kühen entsprechen.

»Es wird Dir hiermit bekanntgegeben, dass wir unsere Reichsversammlung in diesem Jahr in das östliche Sachsen, nach dem Ort Staßfurt an der Bode, einberufen haben. Daher befehlen wir Dir, dass Du mit allen Deinen Leuten an den 15. Kalenden des Juli [= 17. Juni] dorthin kommst. Deine Gefolgschaft muss vollständig ausgerüstet sein, mit Waffen, sonstigem Kriegsgerät, Lebensmitteln und Kleidung: Jeder Reiter muss einen Schild, eine Lanze, ein langes und ein kurzes Schwert, einen Bogen und einen pfeilgefüllten Köcher haben. In Euren Trosswagen müsst Ihr Kriegswerkzeuge aller Art und Lebensmittel mitführen. Vom Datum der Versammlung an muss der Proviant für drei Monate reichen. Waffen und Kleider sind für ein halbes Jahr mitzuführen.«

(aus einem Brief von Karl dem Großen an Abt Fulrad von St. Denis, einem seiner Lehnsmänner)

Ein Kämpfer wird zu den Waffen gerufen und ausgerüstet – im Hintergrund sieht man, was ihn erwartet (französische Illustration aus dem 15. Jahrhundert).

Das Ritterdasein war also keineswegs immer angenehm, vor allem nicht, weil man dauernd irgendwohin zitiert wurde, um zu kämpfen. Denn auch zu Hause wartete ja jede Menge Arbeit auf den durchschnittlichen Ritter, der schließlich meist eines oder mehrere Landgüter besaß. Hier musste er selbstverständlich nicht überall selbst Hand anlegen – dafür sorgten seine Bauern und Handwerker, und vielleicht auch der sogenannte »Meier«, der die Verwaltung der Güter übernahm. Aber nicht zuletzt wegen der Gerichtsbarkeit, die ein Ritter oft genug auf seinem Besitz selbst ausübte, musste er die Vorgänge daheim schon im Blick behalten. Allzu lange Abwesenheit war da nicht gerade dienlich.

Ein Heer ist wieder mal unterwegs, und zum umfangreichen Proviant der Ritter zählen offensichtlich auch einige gut gefüllte Weinfässer ...

Eine solide wirtschaftliche Grundlage war übrigens auch nötig, um den Ritter erst einmal ordentlich auszustatten. Da kam einiges zusammen: Pferde, Waffen, Schild und Schildknappen, vornehme Kleidung. Reichte anfangs noch ein mit Metallplättchen beschlagenes Lederwams oder ein Kettenhemd als »Panzerung«, musste es später schon die eine oder andere Schiene oder Brustplatte sein. Zwischen 1400 und 1420 entwickelten Mailänder Spezialisten schließlich die uns bekannten geschlossenen Harnische und Visierhelme, die außerdem noch von oben bis unten verziert sein konnten.

Angesichts dieser Kosten verzichtete der eine oder andere ärmere Adlige auf die Ritterwürde – schon die sogenannte Schwertleite war einfach zu teuer ...

Was versteht man seit dem 12. Jahrhundert unter einer Schwertleite?

a) die Grundausstattung mit Lang- und Kurzschwert

b) die Pflicht zur Beschilderung des eigenen Wegenetzes

c) das Zeremoniell, in dem ein Knappe zum Ritter ernannt wird

Für seine Waffen musste ein Ritter im Mittelalter überwiegend selbst aufkommen, wobei das Schwert besondere Bedeutung hatte. Es kam vor, dass man sich Rüstungsteile von Verwandten auslieh oder – mit viel Glück – geschenkt bekam. Aber Schwertleite wurde diese Grundausstattung nicht genannt. Und auch mit der Beschilderung von Wegen hatte sie nichts zu tun. Vielmehr bezeichnete man so die Zeremonie, in der ein Geselle zum Meister, also ein Knappe zum Ritter ernannt wurde.

Im Zentrum dieser Zeremonie stand die feierliche Übergabe des Schwertes und der meist vergoldeten Sporen als Zeichen der Ritterwürde. In Frankreich ging man einen Tag vor dem eigentlichen Ritual zwecks der Reinigung von Sünden noch ausgiebig

»Das Rittertum«: Eine französische Illustration um 1920 zeigt die Facetten eines Mythos – Dienst am Herrscher, Knappenzeit, Nachtwache, Ritterschlag, Krieg, das Führen eines eigenen Herrenhauses und letztlich der Tod.

baden und verbrachte anschließend eine Nachtwache in der Kirche. Auch der berühmte Ritterschlag – der Schlag mit der flachen Hand oder die Berührung der Schulter des Kandidaten mit einem Schwert – gehörte seit dem 13. Jahrhundert zur Schwertleite. Damit war man nicht nur mündig, sondern auch auf den Ehrenkodex eines Ritters eingeschworen: Ehre den Frauen, Güte gegenüber den Armen und Treue zum Lehnsherrn.

> *»(Jetzt ist dein Schwert gesegnet,) jetzt bist du Ritter geworden, bedenke nun auch die ritterliche Ehre, deinen Stand, deine Person, deine Geburt, deinen Adel, sei demütig ohne Falsch, (wohl erzogen), dem Armen gütig, den Mächtigen gegenüber hochgesinnt, (halte dein Äußeres schön,) ehre und liebe die Frauen, sei freigebig und treu, unverdrossen, dies immer wieder von neuem.«*
>
> (aus dem berühmten Versroman »Tristan« von Gottfried von Straßburg, um 1205/10)

Nicht selten kam es übrigens zu regelrechten Massenernennungen, wenn es einen prominenten Anwärter und eine gute Gelegenheit gab: Krönungen und Hochzeiten, der Vorabend einer Schlacht oder einer geplanten Stadterstürmung oder königliche Hoftage waren beliebte Anlässe. Insbesondere hochgestellte Familien ließen sich dann die Schwertleite ihrer Söhne etwas kosten. Für viele Chronisten des Mittelalters war die Zeremonie selbst denn auch längst nicht so interessant wie die anschließend verteilten Geschenke und Ritterspiele.

> *»Am Pfingstmontag wurden Herr Heinrich, König der Römer, und der Schwabenherzog Friedrich, die Söhne von Herrn Friedrich, Kaiser der Römer, zu Rittern geweiht. Zu ihren Ehren gaben sie und alle Fürsten und Adligen viele Geschenke an Ritter, Gefangene, Kreuzfahrer, Gaukler und Gauklerinnen,*

nämlich Pferde, kostbare Gewänder, Gold und Silber. Denn die Fürsten und anderen Adligen gaben nicht nur zu Ehren ihrer Herren, nämlich des Kaisers und seiner Söhne, sehr freigebig das Ihre aus, sondern auch zur Verbreitung ihres eigenen Ansehens und Ruhms.«

(Bericht in der Chronik von Gislebert über den Hoftag von Mainz durch Kaiser Barbarossa im Jahr 1184)

Überhaupt ist schwer zu beurteilen, ob die mehr oder weniger zahlreichen Gäste wegen der Schwertleite oder wegen des anschließenden Turniers anreisten. Ritter ließen in der Regel alles stehen und liegen, wenn ein Turnier angekündigt wurde. Es gab kaum eine bessere Möglichkeit, Taktik und Zusammenarbeit in der Schlacht zu trainieren. Natürlich hoffte man auch auf Ruhm, Ehre und einen ordentlichen Turniergewinn. Schließlich mussten die Verlierer eines Wettkampfes ihren Harnisch und ihr Pferd abgeben oder dem Sieger zumindest ein angemessenes Lösegeld dafür zahlen. Kein Wunder, dass vornehme Gegner mit kostbaren Rüstungen besonders begehrt waren, und nicht selten wurde mit dezentem Vergnügen über die Niederlage eines Königs im Turnier berichtet. Für die weniger begüterten Verlierer musste im Zweifel der zähneknirschende Lehnsherr zahlen ...

Bei solchen Turnieren konnte man natürlich auch entdeckt werden: Mächtige Grundherren waren immer auf der Suche nach guten Kämpfern, die sie verpflichten konnten, dann aber auch verpflegen mussten. Für den Hochadel waren die großen Feiern aber vor allem eine willkommene Gelegenheit zur politischen Kungelei. König Heinrich III. von England beispielsweise war jedes Mal alarmiert, wenn er von einem Turnier seiner Landesfürsten erfuhr. Er erinnerte sich noch zu gut daran, dass sich einige aufmüpfige Gegner seines Vaters auf solchen Veranstaltungen einst neu organisiert hatten.

Sowohl von Königen als auch von der Geistlichkeit hagelte es denn auch Turnierverbote: Edward I. von England zum Beispiel brauchte seine Krieger gegen Schottland, während es diese vorzogen, erst einmal auf dem Turnierplatz zu erscheinen. Und Philipp der Schöne von Frankreich hatte nicht die Absicht, sich die prächtige Schwertleite seines Sohnes von einer Nebenveranstaltung überbieten zu lassen.

Berühmt ist das Turnier von Pfingsten 1184 auf dem großen Mainzer Hoftag, bei dem beide Söhne Kaiser Friedrich Barbarossas (1122–1190) zu Rittern ernannt wurden. Schon ein Jahr vorher begannen die Planungen: Alle Fürsten, Herzöge und Edlen wurden eingeladen und erschienen mit zahllosem Gefolge. Angeblich sollen es schließlich 70 große Fürsten und 70.000 andere Teilnehmer von Stand gewesen sein. Allein der Herzog von Böhmen kam mit 2.000 Rittern, aber auch aus Italien, Spanien und Frankreich reiste man an. Auch wenn man diese Zahlen aus heutiger Perspektive mit Vorsicht genießen muss – es musste auf jeden Fall jedes Mal ein höllischer Aufwand betrieben werden ...

Mittelalterliche Kämpfer als neuzeitliche Filmhelden: Der »Schwarze Ritter« stößt gekonnt seinen Gegner vom Pferd – Szene aus dem amerikanischen Spielfilm »Ivanhoe« von 1952.

Welche Festvorbereitung Kaiser Barbarossas beeindruckte 1184 einen Chronisten besonders?

a) ein moderner Toilettentrakt, unterteilt nach dem Rang der Besucher

b) ganze Häuser für die Unterbringung von lebendem Geflügel

c) mehrere große Blumengebinde und Dekorationen aus Früchten

Selbstverständlich hatte der Hof an eine Unterkunft für seine Gäste gedacht und nebst Zelten und hölzernen Behausungen eine Kirche und einen kaiserlichen Palast errichten lassen. Damit jeder wusste, wo er hin sollte, waren die Giebel und Zeltspitzen mit den entsprechenden Wimpeln geschmückt. Von Blumengebinden, Früchte-Arrangements und einem Toilettentrakt ist bei dem Chronisten Arnold von Lübeck (1177–1212) nicht die Rede. Sehr wohl aber berichtete er über den Bau zweier großer Hühnerhäuser. Zwischen den einzelnen Latten des riesigen Käfigs hätte man nicht durchsehen können, weil sie bis zur Decke angefüllt gewesen seien mit Federvieh.

Dass bei diesem Fest für Getränke bestens gesorgt war, versteht sich da von selbst – am Rheinufer lagerten zahlreiche Schiffe, die Wein herangeschafft hatten. Drei Tage konnte es sich eine moderne Kleinstadt wie im Märchen auf Kosten des Kaisers gut gehen lassen. Da verwundert es wenig, dass Turniere von der Kirche im Jahr 1130 wegen der Gefahren für Körper und Seele untersagt wurden – was aber nur wenig fruchtete.

»[Wir untersagen] die Abhaltung jener abscheulichen Märkte oder Jahrmärkte, auf denen die Ritter sich

nach ihrer Gewohnheit zusammenfinden, um ihre Kräfte und ihre Kühnheit zu messen, was oft zum Tode von Männern und zu großer Gefahr für die Seelen führt.«

(Turnierverbot durch das Konzil von Clermont im Jahr 1130)

Jakob von Vitry, Kardinal und Chronist (ca. 1160/70–1240/44), versuchte, einem Ritter klarzumachen, weshalb auf einem Turnier alle sieben Todsünden drohten: In der Suche nach Ruhm und Anerkennung fördere man den Stolz. Die Gewinnsucht sei nichts weiter als Habgier. Niederlagen fördern Bitterkeit und Niedergeschlagenheit, und die ausufernden Tafeln der Festbankette seien nichts als Völlerei und Verschwendung. Unrecht hatte der Mann nicht – beim Turnier gehörte es zum guten Ton, sich freigiebig zu zeigen, selbst wenn es einen das letzte Hemd kostete.

»Zu Darmstadt in den Schranken blieben neun Hessen und siebzehn Franken.«

(Denkspruch über ein Turnier aus dem Jahre 1403)

Die Turniere waren nämlich weit mehr als harmlose Wettkämpfe mit Ring- und Kranzstechen, Wettreiten, dem Kräftemessen gegen Holzfiguren oder andere Kämpfer. Was wir uns zumeist unter Ritterturnier vorstellen, war für die Teilnehmer nur sportliches Vorgeplänkel. Der eigentliche Höhepunkt der Veranstaltung war eine ziemlich raue Angelegenheit, in der sich zwei Gruppen von Rittern und Fußsoldaten in einem vorher grob umrissenen Gebiet und unter der Führung eines mächtigen Herrn wie in einer echten Schlacht aufeinanderstürzten. Schwierig genug, unter diesen Umständen die Beherrschung zu bewahren, nutzten doch einige dieser Herren die Gelegenheit, alte Rivalitäten unverdächtig auszutragen. So geriet 1273 ein Wettbewerb in Frankreich außer Kontrolle – das Turnier blieb wegen der Opfer als »kleine Schlacht von Chalons« in unrühmlicher Erinnerung.

Verdächtigungen wegen unehrlichen oder regelwidrigen Spiels konnten bei solchen Turnieren zugleich politische Folgen haben. Alleine deswegen erschienen namhafte Adlige tunlichst mit ausreichend Gefolge, damit man in einer Auseinandersetzung die Oberhand behielt. Schließlich dachte man sich einige Änderungen aus, um solche Schwierigkeiten ein wenig zu begrenzen ...

Richard Löwenherz führte die für Turniere verbindliche Regel ein, dass ...?

a) jeder Teilnehmer eine Startgebühr zu entrichten hatte.

b) nicht mehr als ein Pferd eingesetzt werden durfte.

c) auf keinen Fall den Damen zu sehr zugelächelt wurde.

Richard I. von England, genannt Richard Löwenherz, war einer der Ersten, der ein paar Turnierregeln einführte. Er sorgte für genau abgesteckte Kampfplätze, ein Schiedsrichtergremium und – für Startgebühren. Vorauskasse war Bedingung. Für die Gesundheit der Teilnehmer waren sicher andere Neuerungen wichtiger, wie etwa die von Edward I. eingeführte Obergrenze für mitgeführtes Gefolge, die Verwendung stumpfer Waffen oder die Unterscheidung einzelner Mannschaften durch verschiedene Kleidung. Die Regeln von Richard Löwenherz allerdings sorgten für eine gewisse Exklusivität: Ritter schlossen sich zu Turniergesellschaften zusammen und der Nachweis ritterlicher Vorfahren gehörte bald zur Voraussetzung für eine Teilnahme. Damit läutete er die glanzvolle, höfisch-galante Ritterzeit ein, die dann in so vielen Liedern besungen wurde.

Und damit kommen endlich die Damen ins Spiel, denen selbstverständlich zugelächelt werden durfte. Dieses Lächeln gehörte gleichsam zum Bestandteil des Turniers, denn die Gunst einer Dame oder – wie mancher Dichter es gerne hätte – ein Kuss gehörte zu den besonders begehrten »Preisen«. Natürlich gab es auch schöne Falken oder Windhunde zu gewinnen, bestickte Taschen oder von Damenhand geflochtene Kränze – all dies waren für jeden sofort erkennbare Ehrenzeichen ohne großen materiellen Wert, die man wie heutige Pokale gerne herzeigte.

Ein entscheidender Vorteil für das Ansehen eines Ritters und der zentrale Punkt des höfischen Liebesideals war, wenn er im Namen einer angebeteten Dame sein Leben riskierte. In den zahlreichen Erzählklassikern des Mittelalters wie dem Alexanderroman, Parzival oder dem Rolandslied ging es allerdings nicht so sehr um die Dame selbst als um den unermüdlich für sie kämpfenden und selbstlos schmachtenden Ritter. Dessen galante Bemühungen, der Frauendienst, richteten sich nämlich meistens an das unerreichbare Burgfräulein.

Der Ritter Alram von Gresten sitzt mit seiner Liebsten auf einer Bank – gemeinsam sprechen sie über ein neues Gedicht (aus seiner Hand!).

Zur eigenen Frau war man damals indes weniger charmant. Diese hatte im wirklichen Leben allerdings auch kaum Zeit, sich am Fenster sitzend die Haare zu kämmen und Ausschau nach einem Verehrer zu halten. Denn die meiste Zeit des Jahres war der Herr des Hauses – so er denn über ein Haus oder eine Burg verfügte – nicht anwesend, sodass die täglichen Geschäfte der Frau überlassen blieben.

In der zeitgenössischen Literatur finden sich zumeist Berichte über das tapfere Ausharren der zurückgelassenen Burgdame, manchmal geriet sie sogar in Gefangenschaft eines weniger ehrenhaften Nachbarn. Eine leichte Beute waren die Strohwitwen allerdings nicht, zuweilen mussten sie selbst zur Waffe greifen. Arnold von Lübeck erzählt beispielsweise, dass Gräfin Mathilde von Holstein im Jahr 1180 ihre Burg Segeberg gegen Heinrich den Löwen »voll Ausdauer« verteidigte. Eine gewisse militärische Grundausbildung kann zumindest an den hochgestellten Damen des Mittelalters nicht vorbeigegangen sein. Wie sonst lassen sich die Berichte über weibliche Krieger erklären? Etwa über die Markgräfin Sophie, Schwester von König Heinrich dem Stolzen, die 1129 ein Ersatzheer von 800 Mann anführte und Burg Falkenstein bei Regensburg belagerte. Und was wäre wohl aus dem großen Kaiser Barbarossa geworden, wenn nicht seine Frau Beatrix im Jahr 1159 ein selbst aufgestelltes Heer zu ihrem Mann über die Alpen geführt hätte?

> *»Am Tage der Schlacht rückte mehr als eine Frau mit ihnen (den Franken) aus, die sich wie ein Ritter benahm. (...) Sie trugen nur Panzerhemden und wurden erst erkannt, als sie der Waffen entkleidet und entblößt wurden.«*
>
> (Historiker und Gelehrter Imad ad-Din al Isfahani, 1125–1201, Geschichte der Eroberung Jerusalems)

Der Mensch des Mittelalters konnte sich jedoch nicht richtig entscheiden, was er von kriegerischen Frauen halten sollte. Die aus der Antike überlieferte Amazone war ihm jedenfalls zutiefst suspekt. Aufgrund ihres Lebenswandels gehörten sie für einige Autoren zur Gattung der Ungeheuer und Fabelwesen. Andererseits werden weibliche Ritter ausgerechnet im »Wigalois«, einem der angesehenen Artusromane, anerkennend erwähnt. Etwa Frau Elamie mit ihren zwölf Jungfrauen, die Männerkleidung trugen, auf den besten Pferden nach Männerart saßen und sich

»in vielen Turnieren« schon »oft bewährt« hatten. Oder Frau Marine, die »keine Gelegenheit zum ritterlichen Kampf« ausließ und die »mit kunstgerechter Tjost« die Ritter zu Fall brachte und dafür »ritterliches Lob« erntete.

Bei diesem mächtigen Schlag einer Frau hätte dem Angreifer auch kein Helm geholfen; Darstellung einer erfolgreichen Verteidigung eines Schlosses aus dem 14. Jahrhundert.

Doch auch die Frauen konnten das Ritterwesen nicht vor seinem Niedergang schützen. Zwar führte man noch bis weit in die Renaissance bei Königskrönungen oder größeren Stadtfesten Turnierwettkämpfe vor begeistertem Publikum durch. Fortschritte in der Waffentechnik und Veränderungen in Wirtschaft und Gesellschaft machten die Metallkrieger allerdings obsolet. Doch ihre Folklore und ihr Ehrenkodex haben sich bis heute erhalten. Und so bleibt zumindest die Hoffnung, dass in manchem Mann heute zumindest noch ein wenig Ritterlichkeit steckt. Wer weiß, vielleicht trifft man gleich morgen einen echten Ritter in der U-Bahn ...

Tipps zum Weiterlesen:

Maurice Keen: Das Rittertum, Düsseldorf 2002.
Etwas langatmige, aber umfassende Erläuterung insbesondere der Rittermythologie.

Daniel Diehl/Mark P. Donnelly/Joachim Dittrich: Feste, Feiern, Ritterschlag, Nürnberg 2004.
Detailreiches, mit Originaltexten gespicktes Handbuch für Menschen, die gern selbst einmal zum Ritter oder Knappen werden wollen.

04

Gut gesalzen!

Von heiß begehrten Gewürzen

Schon einmal Salz im Supermarkt gesucht? Meist liegt es irgendwo im untersten Regal in einer dunklen Ecke. Für etwas, das im Mittelalter über das Wohl und Wehe ganzer Landstriche entschied, braucht man sich heute nur einmal tief zu bücken und dann das Paket für ein paar Cent nach Hause zu tragen. Ähnlich ergeht es dem Pfeffer: Zumeist lieblos in Plastiktütchen verpackt, kann man die scharfen Körner in jedem Laden erstehen. Ein Mensch des Mittelalters würde bei diesem Anblick vermutlich ungläubig in Ohnmacht fallen. Zu seiner Zeit gehörten Gewürze zu den heiß begehrten Luxusgütern, Pfeffer hatte lange eine Bedeutung wie heute höchstens Kaviar. Adlige entwickelten eine regelrechte Gewürzmanie und beschenkten sich gegenseitig mit Pfeffer und Salz, wenn sie sich ihre Gunst beweisen wollten. Ein wenig erinnern die Salz- und Pfefferstreuer auf unseren Tischen noch an den mittelalterlichen Brauch, Gewürzreichtum in aufwendig verzierten Behältnissen und großer Geste zur Schau zu stellen.

Die meisten Menschen arbeiteten allerdings früher verdammt hart für ein bisschen Salz – und vom sagenhaften Pfeffer träumten viele ihr Leben lang. So gesehen waren die Gewürze eigentlich viel zu schade, um sie einfach nur auf den Tisch zu stellen ...

Was wurde im 10. Jahrhundert von jedem Händler verlangt, der die italienische Stadt Pavia betreten wollte?

a) eine Spende aus Gewürzen zur Verbrennung in Kirche oder Kloster

b) eine Eintrittsgebühr von je einem Pfund Pfeffer, Zimt und Ingwer

c) dahin zu gehen, wo der Pfeffer wächst

Von jemandem zu verlangen, dahin zu gehen, wo der Pfeffer wächst, wäre italienischen Autoritäten nicht im Traum eingefallen. Schließlich hüteten besonders die Gewürzimporteure von Venedig das Geheimnis seiner Herkunft eifersüchtig, um ihr lukratives Handelsmonopol mit den arabischen Händlern nicht zu gefährden. Lange hatte man daher vor allem nördlich der Alpen keinen blassen Schimmer, wo der Pfeffer eigentlich herkam. Immerhin erklärte der ägyptische Kaufmann und Seefahrer Kosmas Indikopleustes schon im Jahre 550, der Pfeffer wachse an der Westküste Südindiens. Aber wo das lag oder wie man dahin kam, blieb lange Zeit das Geheimnis der Ungläubigen. Portugiesen und Spanier wollten gegen Ende des Mittelalters jedenfalls nicht mehr nur zusehen, wie italienische Kaufleute immer reicher wurden. Der spanische König Karl I. fand einen abenteuerlustigen Seefahrer, mit dem er einen »Vertrag über die Entdeckung der Gewürzinseln« unterschrieb. Der Mann leistete eine Arbeit, die zwar gar nicht vorgesehen war, für die er aber unsterblich wurde: Ferdinand Magellan umsegelte nämlich die Welt.

Scharfe Spenden an die Kirche hätten auch nicht geholfen und wurden in Pavia nicht gefordert – auch wenn würzige Rauchschwaden zuweilen als probates Mittel galten, um göttlichen

Wo der Pfeffer wächst. Die Darstellung aus dem 15. Jahrhundert zeigt zugleich, wie ein europäischer Händler in Indien die Ware gewissenhaft prüft – schließlich kann er damit daheim beste Geschäfte machen.

Beistand zu erflehen. Auf milde gestimmte himmlische Mächte wollte jedenfalls kein Kaufmann verzichten, die Risiken des Gewerbes waren einfach zu hoch. Zwar bemühte man sich, mithilfe eines internationalen Nachrichtensystems zeitig über ankommende Ladungen, Vorräte und Qualität informiert zu bleiben, und gegen wirtschaftliche Risiken konnte man sich mit anderen Kaufleuten zusammentun. Es blieb jedoch das gefürchtetere Risiko, es sich aufgrund guter Gewinne mit dem Paradies zu verscherzen: Passte nicht bekanntlich eher ein Kamel durch ein Nadelöhr, als ein Reicher durch die Himmelspforte? Sicherheitshalber verschenkte man daher hohe Summen an die Kirche, die wohl so manch einen prächtigen Sakralbau dem lukrativen Geschäft mit Pfefferkörnern zu verdanken hatte. Tatsächlich erhob der Schatzmeister von Pavia von jedem Kaufmann, der die Stadtmauern des damaligen Handelszentrums betreten wollte, eine Jahressteuer von je einem Pfund Pfeffer und anderen Gewürzen (seine Frau hatte wohl Weltlicheres im Sinn, ihr musste man unter anderem einen Kamm zahlen).

Auf Schwierigkeiten bei der Lieferung von Nachschub reagierten die europäischen Märkte übrigens äußerst gereizt: Gewürze waren immerhin so kostbar, dass sie ohne Probleme als Zahlungsmittel akzeptiert wurden. Spenden, Mieten, Gebühren, sogar Löhne – kaum ein Geldgeschäft ließ sich nicht mit einem Säckchen Salz oder Pfeffer erledigen.

»Die portugiesische Flotte unter Pedro Alvares Cabrai hat vor der indischen Malabar-Küste eine arabische Galeerenflotte mit Gewürzen vernichtet. Und auf diese Nachricht hin stieg am 4. Tag des Septembers in Venedig der Preis für Pfeffer von fünfundsiebzig Dukaten auf fünfundneunzig das Charigo ... und alle anderen Spezereien erfuhren große Preisänderungen und die Preise erhöhten sich sehr.«

(aus dem Tagebuch des venezianischen Chronisten Girolamo Priuli 1501)

Das wahrhaft königliche Gewürz wird einem Herrscher offeriert. Ob die Menschen rechts im Bild neidisch sind auf die geschenkten Pfeffersäcke?

Aber warum waren Salz und Pfeffer im westlichen Europa eigentlich so begehrt und kostspielig? Beim exotischen Pfeffer mag das ja noch einleuchten, schließlich musste er von weit her herangeschafft werden. Große Salinen zur Salzgewinnung standen in Europa aber zur Verfügung – vor allem an der Mittelmeerküste, aber auch in der Nähe von Prag, in Lüneburg oder Bad Reichenhall. Deren Ausbeute war zwar unterschiedlich groß, aber sie reichte locker, um die nähere Umgebung zu versorgen. Allerdings war es für all jene schwierig, die weiter weg wohnten. Sie gingen zunächst häufig leer aus – dabei wuchs auch bei ihnen die Nachfrage nach Salz ständig an.

Der Salzbedarf im Mittelalter entstand vor allem dadurch, dass ...?

a) der damals gängige Mehlbrei nur mit Extra-Würze essbar wurde.

b) Salz eine Karriere als Konservierungsmittel machte.

c) übermäßigem Salzkonsum eine besonders heilsame Wirkung zugeschrieben wurde.

Salz braucht einfach jeder. Es gibt der Nahrung Geschmack, ist wichtig für die Verdauung, den Blutkreislauf und das Nervensystem. Im Mittelalter vertrieb man damit zugleich die Bitterkeit einiger Speisen, reinigte Fische und Schweinedärme (bevor man sie zur Herstellung von Blutwurst verwendete). Sicher schmeckte auch der fade Mehlbrei mit einer Prise Salz besser als zuvor – aber diese Steigerung des Geschmackserlebnisses war für den enormen Anstieg der Salznachfrage nicht verantwortlich.

War vielleicht die mittelalterliche Medizin der Grund für die Beliebtheit des Salzes? In der Arzneimittelherstellung kam Salz

Gut gesalzen erreichen die Fische auch die Städte fern der Küste – und ermöglichen einen florierenden Handel.

schließlich in unzähligen Varianten vor: Man verschrieb es als Pulver, aufgelöst in Wasser, vermischt mit anderen Mittelchen und häufig in Verbindung mit Wundverbänden, Pflastern oder

Bädern. Auch dem Pfeffer wurde eine ganze Reihe segensreicher Wirkungen zugeschrieben. So glaubte man, seine Schärfe könne Krankheiten vertreiben. Besonders groß war der Verbrauch daher während der Pestwellen. Klar war allerdings auch, dass Salz Durst erzeugt und zuviel des Guten auch zu Schlechtem führen kann. Der Verzehr von Salz galt also als gesund, aber übermäßig sollte er auch nicht sein.

> *»Ein Trunk Salzwasser hilft das tote Blut im Körperinneren zu bekämpfen und aufzulösen.«*
>
> (Guy de Chauliac, Arzt am päpstlichen Hof von Avignon, im 14. Jahrhundert)

> *»Eine Unze langzeiterhitzten Purgierwindensaft, 6 Skrupel Pfeffer, 1 Unze gewöhnliches Salz. Lass davon einen Löffel mit Wassermet oder mit warmem Wasser einnehmen.«*
>
> (Rezept für ein Reinigungsmittel für die »Gelbe Galle« aus dem »Lorscher Arzneibuch« um 800)

> *»Das Salz gehört vor allen anderen Speisen auf den Tisch, denn es macht das Essen genussvoll und frisch.«*
>
> (Ärzte aus der Schule von Salerno im 13. Jahrhundert)

Tatsächlich trieb die Verwendung als Konservierungsmittel den Salzbedarf in die Höhe. Es hat schließlich die sympathische Eigenschaft, Nahrungsmittel vor dem Austrocknen und vor Bakterien zu schützen – in Zeiten ohne Kühlschrank ein unschätzbarer Vorteil. Als sich dann noch Scharen von Bauern nach einer Reihe von Missernten um die Wende des 13./14. Jahrhunderts entschlossen, von der Getreide- auf die Viehwirtschaft umzusteigen, brauchten sie immer größere Mengen Salz für die Verarbeitung von Käse und Fleisch. Bis zu fünfzig Gramm Salz je Pfund Frischfleisch waren nötig für ein ordentliches Pökelsteak.

Vor dem Verzehr musste man das Ganze selbstverständlich erst wieder entsalzen. Es gab übrigens auch gesalzenes Bier oder gepfefferten Wein, denn Gewürze galten als probates Mittel, selbst Getränke vor der Verderbnis zu schützen.

Für saisonalen Bedarf an Salz sorgte außerdem die Kirche, denn in der Fastenzeit war einem guten Christen der Verzehr von Fleisch streng verboten. Man versorgte sich also mit Fisch, der für den Eigenbedarf zuweilen im nahen Fluss oder Weiher geangelt werden konnte. Die wachsende Stadtbevölkerung aber musste zur Freude der fischenden Küstenbewohner auf gesalzenen oder luftgetrockneten Fisch zurückgreifen. So stieg an den Küsten die Nachfrage nach Salz als Mittel zur Haltbarmachung: Eine Tonne Salz brauchte man, um drei Tonnen Hering oder Lachs für eine bestimmte Zeit lagern zu können. Die findigen Holländer entwickelten eine Methode, gebrauchtes Salz aufzubereiten und zu mischen. Ihr Salzhering erhielt so einen unverkennbaren Geschmack, der ihn zum Exportschlager werden ließ. Der Handel mit diesem Fisch machte die Niederlande reich und

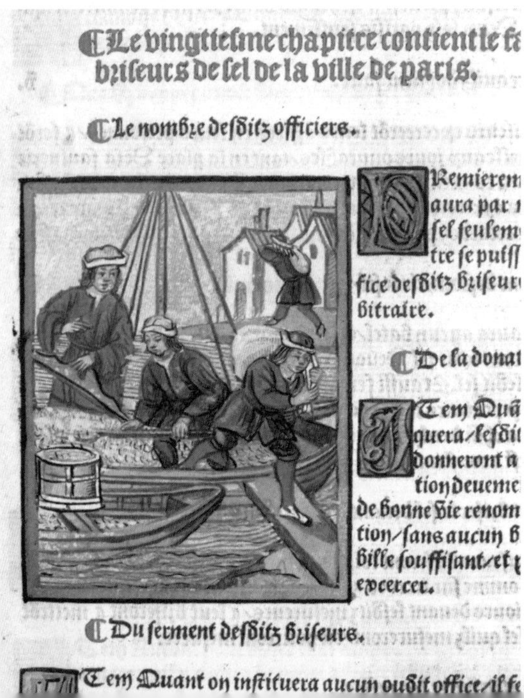
Le vingtiesme chapitre contient le f
briseurs de sel de la ville de paris.
Le nombre desditz officiers.
Remierem
aura par
sel seulem
tre se puiss
fice desditz briseur
bitraire.
De la donat
Tem Qua
quera/lesdit
donneront a
tion deueme
de bonne vie renom
tion/sans aucun b
ville souffisant/et
exercer.
Du serment desditz briseurs.
Tem Quant on instituera aucun oudit office/il f

Das Salz kommt – ein Beamter misst die Menge ab, die von Gehilfen ins Lager geschleppt wird.

ermöglichte ihr Ende des 16. Jahrhunderts den Bau einer Flotte, die es mit jeder anderen maritimen Macht aufnahm. Aber das ist eine andere Geschichte ...

> *»2.: Bayern dürfen Salz zu ihrem eigenen Haus schaffen ohne etwas zu geben, sofern der Steuermann des Schiffes dies unter Eid bestätigen kann und können unangefochten weiterziehen ... 7.: Bezüglich der Salzschiffe: Nachdem sie durch den Böhmischen Wald gefahren sind, dürfen sie nur in Ebersburg anlegen und Handel treiben. Dort soll jedes rechtmäßige Schiff, also eines das drei Männer fahren, drei Scheffel Salz abgeben, es darf nicht mehr gefordert werden und sie sollen vielmehr nach Mautern, oder wo gerade Salzmarkt gehalten wird, weiterfahren. In Mautern sollen sie ebenfalls drei Scheffel Salz abgeben. Danach dürfen sie unbehelligt kaufen oder verkaufen, auch der Preis für ihre Waren darf nach eigenem Gutdünken festgelegt werden.«*
>
> (aus der Raffelstedter Zollordnung, entstanden vermutlich um das Jahr 900)

Die hohen Preise für das Salz resultierten vor allem aus den enormen Transportkosten. Beispielsweise zählten die sogenannten Passierzölle im Mittelalter zu den beliebtesten Einnahmequellen. So fanden sich dementsprechend entlang der Handelswege jede Menge Zollstationen. Je länger der Weg, desto mehr Gewürze mussten in Wegzoll, Brückenzoll oder Torzoll umgewandelt werden. Wenn es also bei einer Zollstation wieder einmal zu einem ordentlichen Stau kam, konnte man sich auch schon mal gegenseitig anschreien ...

Wohin wünschte man damals jemanden mit dem Satz »Hau doch ab nach Peccais!«?

a) an einen Wallfahrtsort, für dessen Besuch kein Zoll erhoben werden durfte

b) in eine Stadt, die für ihre großen Salinen bekannt war

c) auf eine wichtige und besonders breit ausgebaute Handelsstraße

Pilger besserten ihre Reisekasse gerne mit Handelsgeschäften auf. Und Kaufleute ließen sich umgekehrt die Gelegenheit selten entgehen, auf ihrer Reise in einem Pilgerzentrum vorbeizuschauen: Als Pilger war man nämlich vom Zoll befreit, und pilgernde Kaufleute mussten nur für diejenigen Waren Zollabgaben zahlen, die sie nicht für den Weg benötigten. Praktisch, dass mit den drei berühmtesten Pilgerorten des Mittelalters (Jerusalem, Rom und Santiago de Compostela) fast jede Straße von Norden nach Süden, teils auch von Osten nach Westen glaubhaft als Pilgerroute herhalten konnte. Mit der Stadt Peccais hatte das Ganze aber nichts zu tun.

Also die breite Handelsstraße? Wäre schön gewesen, denn die meisten Straßen waren ja nicht mehr als Feldwege. Angenehm war es, wenn eine Saline nahe am Fluss lag und zumindest die Fahrten flussabwärts bequem zu bewältigen waren. Häufig wurden Salzladungen aber weitaus mühseliger mit Packtieren auf Saumpfaden oder flussaufwärts mit Treidelzügen geliefert. Für Unterstützung auf der Reise sorgten immerhin eilfertige Dienstleister am Wegesrand: Steckte ein Fuhrmann mit seinem Wagen im Schlamm oder lag eine besonders steile Wegstrecke vor ihm, konnte er in den anliegenden Dörfern Vorspanndienste anfordern. Die zahlreichen Schlaglöcher und Spurrillen auf dem Weg kümmerten die Nichtreisenden wenig, ganz im Gegenteil: Schmiede und Gastwirte verdienten gut an liegengebliebenem Verkehr. Und brach ein Wagen auf einer Brücke oder in einer Furt zusammen, war es dem diensthabenden Territorialherrn erlaubt, ihn mitsamt den Waren zu beschlagnahmen ...

> *»Es herrscht großer Verkehr ..., hervorgerufen durch Fuhrwerke, die mit langen Stämmen oder Salz beladen sind, sodass die Bürger von Salins praktisch kaum aus ihren Häusern treten können, um ihren Geschäften nachzugehen.«*
>
> (Beschwerde eines Bürgers der französischen Stadt Salins aus dem 16. Jahrhundert)

»Hau doch ab nach Peccais!«, bedeutete im Mittelalter tatsächlich die mehr oder weniger höfliche Aufforderung, sich zum Teufel zu begeben, nämlich in die französische Salinenstadt Peccais – ein sehr unbeliebtes Ziel, denn dort wartete in der Regel nur schwere Arbeit. Salzgewinnung war ein mühsames Geschäft. In der salzarmen Gegend Skandinaviens röstete man seine Salzvorräte Körnchen für Körnchen aus Seetang zusammen. Ähnlich verfuhren die Holländer, die so lange Salz aus dem Torf ihrer Polder gewannen, bis sie schließlich einsahen, dass dieses Verfahren nicht gerade dem Küstenschutz diente.

Für den Abbau von Steinsalz mussten Stollen gebaut und abgestützt werden, Salz aus dem Meer zu gewinnen, bedeutete hohe Personalkosten und brauchte viel Geduld. Das Verkochen von salzhaltigem Wasser – der sogenannten Sole – verlangte eine geübte Hand und eine Menge Brennholz – die waldarme Lüneburger Heide erzählt heute noch vom enormen Holzbedarf einer der größten Salinen des Mittelalters. Einige Salzsieder konnten sich und ihren Familien zwar Privilegien sichern, die meisten Kollegen verdienten aber bei ihrer harten Arbeit kaum so viel wie ein einfacher Bauer.

Harte Arbeit vor den Toren der Stadt: In riesigen Siedepfannen wird aus salzhaltiger Sole das begehrte Gewürz (niederländische Darstellung aus dem 15. Jahrhundert).

Der lukrative Handel mit dem Salz sorgte immerhin dafür, dass viele seit der Römerzeit verfallene Straßen so gut es ging ausgebaut und Brücken wiederhergerichtet wurden. Zugleich sorgte aber eine andere Neuerung für großen Unmut ...

Was sorgte im Mittelalter für regelrechte Aufstände?

a) verunreinigtes oder gefälschtes Salz

b) ständige Überfälle auf Gewürzkarawanen

c) hohe Steuern auf Salz und Salzkonsum

Salz wurde zumeist in Brocken oder Briketts vom Händler angeboten. Da spielte es schon eine Rolle, wie verunreinigt eine Salzlieferung war. Denn erstens hatte man auch im Mittelalter keine Lust, für schlechte Qualität zu zahlen, und zweitens musste man das Ganze auch noch selbst mahlen und reinigen. Man kann davon ausgehen, dass das beliebte – und teure – Torfsalz nicht immer aus original holländischem Poldertorf stammte. Dass es deshalb aber zu Aufständen gekommen wäre, darüber ist allerdings nichts bekannt.

Große Gefahren drohten einem Handelszug zweifellos durch Strauchritter und Straßenräuber. Besonders beliebte Opfer waren die Besucher der großen Messen mit ihren Kostbarkeiten. Zwar stand Straßenraub unter schwerer Strafe, aber die Aussicht auf reiche Beute hielt selbst den Adel nicht von einer solchen Betätigung ab: Der aus anderen Gründen heute noch bekannte Götz von Berlichingen oder Hans von Selbitz machten beispielsweise den Nürnberger Kaufleuten schwer zu schaffen. Aber auch vor lebensgefährlichen Überfällen wehrte man sich nicht mit Aufständen, sondern eher mit einem Heiligen: Wer das Bild des Christophorus mit sich trug, der schien davor gefeit, an diesem Tag einen unvorbereiteten Tod zu sterben. Und das war im Mittelalter und in der frühen Neuzeit so ziemlich das Schlimmste, was einem Menschen passieren konnte: zu sterben, ohne seine Sünden gebeichtet, seine Angelegenheiten geregelt und seinen Frieden mit Gott und den Menschen gemacht zu haben. Christophorus war übrigens nicht nur Patron der Reisenden, sondern auch der Gärtner, der Schwangeren, der Buchbinder, der Färber, der Hutmacher, der Schatzgräber, der Athleten und Zimmerleute. Und helfen sollte er überdies gegen Dämonen, Hagel, Hungersnöte und die Pest.

So ganz traute man dem Patron aber offenbar nicht. Denn sicherheitshalber reiste man zu Lande und zu Wasser gerne in der Gruppe. Das war zwar langsamer, aber weniger risikoreich. Geholfen hat allerdings auch diese Maßnahme nicht immer: Im Mai 1449 wurde ein Verband aus 110 holländischen Schiffen und Hansekoggen von englischen Piraten überfallen.

Straßenraub stand unter schwerer Strafe – aber manch finsteren Gesellen störte das nicht. Und so wurden Kaufleute immer wieder Opfer von Räubern, wie es dieser Holzschnitt illustriert.

Richtig aufregen konnten sich unsere Vorfahren aber tatsächlich über die Salzsteuer, die alles, was mit Salz zu tun hatte, mit einer kräftigen Gebühr versah. Von Zöllen war bereits die Rede, aber auch eine Saline musste selbstverständlich eine Abgabe entrichten. Und sogar für den Verzehr von Salz musste gezahlt werden, wie etwa in der italienischen Stadt Volterra, wo jeder Bürger, der das dritte Lebensjahr überschritten hatte, alle vier Monate mindestens drei Kilogramm Salz einkaufen musste.

Überall in Europa führte die überhöhte Besteuerung von Salz irgendwann zu heftigem Widerstand, vor allem in Frankreich. Dort war die berüchtigte »Gabelle« keine Kleinigkeit, sie sorgte später sogar für ein Viertel des verschwenderischen Haushaltes von Ludwig XIV. – und erst im Jahr 1945 verzichtete der französische Staat auf diese bequeme Einnahmequelle. Für ihre geniale Erfindung müssen sich die jeweiligen Herrscher dennoch selbst gratuliert haben, ließ sich doch kaum eine andere Steuer ähnlich problemlos als gerechte Abgabe für alle darstellen und eintreiben. Kein Wunder, dass viele nicht nur beim Salz ihr Heil im Schmuggel suchten ...

Mit welchem Trick hintergingen venezianische Händler im Jahr 826 den Zoll von Alexandria?

a) Sie verkleideten sich als Priester und verlangten freie Durchfahrt.

b) Sie deklarierten die Gebeine des Heiligen Markus als eine Fuhre Pökelfleisch.

c) In Kisten mit doppeltem Boden versteckten sie eine Ladung »Heiligen Hubert«.

Verdächtig war das schon: Zwischen 1423 und 1441 gingen beispielsweise die Steuererträge auf der Rhone um die Hälfte zurück, ohne dass es weniger Schiffe gegeben hätte. Tatsächlich waren die Kaufleute einfallsreich geworden, um überhaupt noch auf ihre Kosten zu kommen: Sie gaben beispielsweise höhere Verluste ihrer Ladung an, um dann die gleiche Menge noch einmal ohne die dann fälligen Steuern nachzuliefern. Es gab noch andere Schlupflöcher: Kisten mit doppeltem Boden sind denkbar, obwohl »Heiliger Hubert« nicht von Venezianern, sondern von Kaufleuten der Hanse nach Dänemark und Danzig verkauft wurde (es handelte sich dabei um besonders leicht zu pulverisierendes Salz aus Portugal, für das man eigens diesen Namen erfunden hatte). Tatsächlich aber entführten die venezianischen Händler im Jahr 826 die Reliquien ihres Schutzpatrons, des Heiligen Markus, aus Alexandria nach Hause. Angeblich versteckten sie dabei seine Gebeine unter einer Fuhre Pökelfleisch. Die ahnungslosen Zöllner ließen die wichtige Fuhre jedenfalls unbeschadet passieren.

Mit der wachsenden Konkurrenz im Handel sanken allmählich die Preise, und auch weniger begüterte Menschen konnten sich schließlich die begehrten Gewürze leisten. Prompt verlor zumindest der Pfeffer beim Adel seine Bedeutung. Mitte des 14. Jahrhunderts fand er Erwähnung als Zutat der »gewöhnlichen« Soße, zuweilen auch als »Arme-Leute-Gewürz«. Aber das sollte uns nicht daran hindern, das nächste Mal im Supermarkt den Gewürzen ein wenig mehr Ehrerbietung entgegenzubringen – verehrte man sie doch einst wie bares Gold.

Tipps zum Weiterlesen:

Mark Kurlansky: Salz. Der Stoff, der die Welt veränderte, Berlin 2004. Anekdotenreiche Geschichte des Salzes als Kultur-, Wirtschafts- und Genussmittel.

Jacques Le Goff: Der Mensch des Mittelalters, Frankfurt am Main 2004. Ein Klassiker, enthält ein Kapitel zu Kaufleuten und Handel im Mittelalter.

05

Karl. Der Große

Wie ein Frankenkönig Europa gestaltete

Es gibt wenige bedeutende Gestalten in der europäischen Geschichte, die einen so guten Ruf haben wie Carolus Magnus – Karl der Große. Noch heute wird er verehrt als visionärer und erfolgreicher Herrscher, der zugleich für jede Art von Bildung aufgeschlossen war, und der letztlich den Grundstein für das heutige Europa legte. Dass dieser Mann so erfolgreich war, dürfte übrigens maßgeblich auch an seiner langen Regierungszeit gelegen haben – wer lange im Amt ist, kann schließlich mehr verbessern (natürlich aber auch verschlechtern): Mit 21 Jahren wurde Karl im Jahr 768 König der Franken und starb zu Beginn des Jahres 814 – also nach 46 Jahren Regentschaft.

Dieses berühmte Reiterstandbild aus Bronze von Karl dem Großen entstand vermutlich bereits 870 und steht heute im Louvre in Paris.

»Karl der Große gilt als der ›Pater Europae‹, als der ›Vater Europas‹. Unter seiner Regentschaft wurde der Name Europa lebendig. Hier, in Aachen, wurde er gekrönt. Karl der Große regierte einen Vielvölkerstaat, der sich von den Pyrenäen bis an die Elbe und von der friesischen Küste bis nach Rom erstreckte. Ich

finde es gut, dass hier in Aachen im Andenken an Karl den Großen Persönlichkeiten geehrt werden, die sich um Europa und die europäische Einigung besonders verdient gemacht haben.«

(Laudatio Helmut Kohls auf Jean-Claude Juncker, Träger des Karlspreises der Stadt Aachen im Jahr 2006)

Aber von nichts kommt bekanntlich nichts. Und so wäre Karl wohl nicht als der Große in unsere Erinnerung eingegangen, wenn er nicht im Jahr 800 erster mittelalterlicher Kaiser geworden wäre. Im Petersdom zu Rom krönte ihn Papst Leo III. am Weihnachtstag zum Kaiser – damit wurde das römische Kaisertum im Westen erneuert und trat mit Byzanz, dem östlichen Kaisertum, in Konkurrenz. Was sich im Nachhinein als folgerichtiger Aufstieg liest, war in der geschichtlichen Wirklichkeit allerdings ein hartes Stück Arbeit. Der gute Karl musste sehr wohl stets darauf bedacht sein, mit immer wieder neuen guten Ideen seine Macht zu erhalten und auszubauen ...

Wie unterstrich Karl seinen Machtanspruch?

a) Er befahl, männliche Kinder nur noch nach ihm zu nennen.

b) Die Architektur seiner Kapelle in Aachen musste an Jerusalem und Rom erinnern.

c) Er ließ sich mit gefälschten Urkunden eine göttliche Herkunft belegen.

In der Tat waren Namen ein beliebtes Symbol, um die Verbundenheit mit dem Herrscher in aller Öffentlichkeit zu dokumentieren – aber einen königlichen Befehl dazu hat es nicht gegeben. Und doch war zumindest für die adlige Oberschicht dieser Vor-

Blick in die Pfalzkapelle von Aachen – der König nahm selbstverständlich im ersten Stock Platz, wo er das Oktogon gut überblicken konnte.

name für einige Generationen der absolute Favorit. Und auch diese »Nachfolger« erwarben sich durch ihr Wirken bis heute erhaltene Beinamen – die allerdings nicht immer schmeichelhaft sind: In den Geschichtsbüchern finden sich etwa Karl der Dicke Karl der Einfältige oder Karl der Kahle ...

Und Karl griff zumindest in diesem Falle nicht auf gefälschte Urkunden zurück (obwohl wir wissen, dass solche in seiner Kanzlei durchaus entstanden). Das taten in noch viel größerem Stil seine Nachfolger – mit solchen Fälschungen wollte man sich nämlich auf berühmte Herrscher berufen. Besonders leicht war es da, die Unterschrift Karls des Großen zu fälschen. Denn die bestand lediglich aus Verbindungsstrichen zwischen den zu einem Kreuz angeordneten Initialen.

Um sich als mächtiger Herrscher zu präsentieren, nutzte Karl tatsächlich den Bau in Aachen. Diesen Ort im Osten seines Frankenreichs wählte der König als Standort für seinen Wohnsitz und damit für eine neue Kapelle, die heute noch als bauliches Meisterwerk und Schmuckstück mittelalterlicher Architektur scharenweise Besucher anlockt. Weil die meisten Menschen zu seiner Zeit aber nicht lesen und schreiben konnten, drückte Karl seine Botschaft über die damals bekannte und jedem verständliche architektonische Symbolik aus. So war seinen Untertanen sofort klar, dass Karl mit der achteckigen Form seiner Kapelle auf die Auferstehung Christi und damit auf die Grabeskirche in Jerusalem anspielte. Als auch noch römische Säulen eingefügt wurden, konnte niemand mehr übersehen, dass sich der Frankenkönig als römischer Kaiser und Schutzherr der Christenheit empfand: Jerusalem, Rom und Aachen – das stand für Jesus, den Papst und den Kaiser.

Eine solche Selbsteinschätzung hielt damals übrigens niemand für königliche Anmaßung. Für einen guten Untertan war es schließlich selbstverständlich, dass sein König neben den notwendigen Fähigkeiten für die tägliche Herrscher-Arbeit auch eine übermenschliche Dimension besaß, das sogenannte »Königsheil«, das als Gottesgnadentum wiederum die Begründung für die königliche Herrschaft lieferte. Welcher zeitgenössische Politiker würde sich nicht das ein oder andere Mal solch eine himmlische Stütze wünschen, um so manche Kritik an den Details der Regierungsarbeit zum Verstummen zu bringen ...

Ob sich Karl allerdings über seinen steinernen Wohnsitz mit den Anspielungen auf seine Herrschaft ausgiebig freuen konnte? Als Frankenkönig war man seinerzeit für die Regierungsgeschäfte ständig unterwegs. Bequem übernachten konnte man nur in größeren Anlagen, den verkehrsgünstig gelegenen sogenannten Pfalzen. Sie fanden sich etwa in Aachen selbst, in Goslar, Kaisers-

Von der Nordsee bis ans Mittelmeer, vom Volk der Basken bis zu den Slawen – so weit reichte das Reich Karls des Großen.

werth, Ingelheim oder Gelnhausen. Häufig war Karl zu Gast bei einem Lehnsmann, der dann mit den Herrschaften selbstverständlich alle Hände voll zu tun hatte.

> *»Ein Bistum lag Karl auf seinen Reisen gerade im Wege, er konnte es kaum vermeiden. Der Bischof aber wollte ihn gerne nach Gebühr aufnehmen und verwandte in seinem Dienste alles, was er auftreiben konnte. ... Der fromme Karl bemerkte das, musterte alles mit den Augen und sprach zum Bischof: ›Du bist der beste Wirth, immer lässt du zu unserm Empfange alles aufs Schönste säubern.‹ Der erzitterte gleich wie von göttlicher Stimme angeredet, ergriff die sieg-*

reiche Rechte, küsste sie und erwiderte seinen Unwillen so gut er konnte verbergend: ›Recht ist es, Herr, dass, wohin ihr kommt, alles bis auf den Grund ausgekehrt werde.‹ Karl, der weiseste aller Könige, erkannte den Sinn der Worte und sprach: ›Verstehe ich auszuleeren so kann ich auch wieder füllen.‹«

(der Geschichtsschreiber Notker über den umherreisenden Karl den Großen, 883)

Für die Gastgeber des Königs bedeutete solch hoher Besuch natürlich eine große Ehre. Aber er sorgte zugleich auch für hohe Kosten, denn der König kam ja schließlich nicht alleine: Frauen, Kinder und Enkel zogen mit, wenn Karl unterwegs war, sein Riesenreich zu verwalten. Und immer dabei: Leibgarde, Diener, Geistliche, Chronisten, Kanzlei und Verwaltung – Kämmerer und Truchsess, Marschall und Mundschenk, alle mit eigener Dienerschaft. Außerdem bereicherten das Gefolge noch diverse Handwerker wie Sattler, Waffenschmiede, Zimmerleute, Schneider, Hufschmiede und Kesselflicker, selbst Jäger, Falkner und Hundeführer waren mit von der Partie.

Wie ihr hoher Herr, so verbrachte auch das Gefolge die meiste Zeit des Lebens im Sattel. Gelegenheiten dazu boten vor allem die regelmäßigen Feldzüge des Königs oder die auch im Winter fast täglich ausgerichteten Jagden. Vielleicht lag es an der reichlichen Bewegung, dass der Herrscher über eine robuste Gesundheit und eine unerschöpfliche Energie verfügte. Er war zwar nur ein mäßiger Trinker, ignorierte aber die vorsichtigen Hinweise seiner Ärzte, das von ihm so geliebte Bratwild schade seiner Gesundheit. Und selbst wenn er wirklich einmal krank war, die Staatsgeschäfte leitete er selbstverständlich auch dann: Karl der Große galt als unermüdlicher Arbeiter. Angeblich besaß er sogar die Angewohnheit, mitten in der Nacht aufzustehen, um Briefe zu diktieren oder Verordnungen zu erlassen. Ob ihm auch die Idee zu einem besonders großen Coup seiner Regierungszeit des Nachts gekommen war?

Was machte Karl den Großen und seine Anhänger auf einen Schlag reich?

a) Sie entdeckten unter dem Rhein eine Goldader.

b) Sie plünderten das Volk der Awaren aus.

c) Sie verlangten von den Pilgern zur Pfalzkapelle in Aachen Gebühren.

Weder eine Goldader noch zahlungskräftige Karl-Pilger verbesserten den Etat des Königs. Im Mittelalter kannte man viel näherliegende Möglichkeiten, an Besitz zu kommen: Feldzüge und Eroberungen. Und bei Karl dem Großen gab es davon reichlich: Jedes Jahr seiner Regierungszeit – wenn wir von zwei Jahren einmal absehen – ging es in den Krieg. Beim Zug gegen die Awaren in der fernen Puszta, im Gebiet des heutigen Ungarn, waren Karls Mitstreiter vermutlich besonders motiviert – sie hatten alle vom ungeheuren Schatz dieses Reitervolkes gehört, der ihnen dann auch tatsächlich in die Hände fiel. Ehrfurchtsvoll berichten die Chronisten von fünfzehn Wagen, jeder von vier Ochsen gezogen, angefüllt mit Gold und Silber und kostbaren seidenen Gewändern. Niemals zuvor hatten sich die eigentlich recht armen Franken in einem Krieg derartig bereichern können.

Der berühmteste Krieg in Karls Regierungszeit, der Krieg gegen die Sachsen, versprach verglichen damit wenig Reichtum. Außerdem zog er sich mit Unterbrechungen qualvolle 32 Jahre hin (772–804). Das resultierte allerdings auch aus dem Umstand, dass man damals einen Krieg überwiegend im Sommer führte. Im Herbst zog man sich zurück und jeder schaute klugerweise daheim nach dem Rechten – vor allem nach der Ernte. Der schlaue Reisekönig schlug sein Winterquartier meistens in Aachen auf. Da gab es heiße Quellen, und als ausgezeichneter

Demonstration der Stärke: Karl der Große auf einer Zeichnung aus dem 19. Jahrhundert, als er das sächsische Heiligtum Irminsul zerstören ließ.

Schwimmer lud Karl der Große auch seinen Hofstaat gerne zum Baden ein. Über die besondere Härte der kriegerischen Auseinandersetzungen mit den Sachsen darf das zwischenzeitliche Amüsement allerdings nicht hinwegtäuschen: Was als Strafexpedition für Grenzverletzungen angefangen hatte, wuchs sich zu einem Eroberungsfeldzug aus, mit dem die heidnischen Sachsen zugleich zu guten Christen gemacht werden sollten.

Der Krieg um die richtige Religion sorgte für tiefe Verletzungen der Nachbarn. Fast muss man darüber nachdenken, wie wohl unsere Reaktion aussähe, wenn der Petersdom von islamischen Kriegern zerstört werden würde – jedenfalls mussten die Sachsen erleben, wie Karl im Jahr 772 ihr Heiligtum Irminsul zerstören ließ. Diese riesige Säule symbolisierte für sie die Weltesche, die das All trägt und mit der Erde verbindet. Karl machte auch mit einer anderen Maßnahme unangenehm auf sich aufmerksam: dem sogenannten Blutbad von Verden. Hier, an der Mündung der Aller in die Weser, sollen im Jahr 782 Tausende von Sachsen an einem einzigen Tag enthauptet worden sein. Vielleicht hat sich aber auch nur der (Ab-)Schreiber der einzigen zeitnahen Überlieferung vertan, und es ging nicht um »Decollatio«, sondern um »Delocatio« – um eine massenhafte Umsiedlung. Nett wäre allerdings auch das nicht ...

Karl wäre aber kaum der Große genannt worden, wenn er nicht auch Gnade gegenüber Feinden gekannt hätte. Das zeigt das Beispiel des Bayernführers Tassilo III.: Der Herzog sah nicht ein, weshalb sein Erbherzogtum einverleibt und er zum Lehnsmann degradiert werden sollte und wollte lieber eigenständig bleiben. Angeblich schwänzte er die Heeresfolge (drückte sich also vor dem Kriegsdienst) und verbündete sich zu allem Übel noch mit den erwähnten heidnischen Awaren. Karl zitierte Tassilo nach Ingelheim, wo dieser im Jahr 788 den Gepflogenheiten der Zeit durchaus angemessen in einem Gerichtsverfahren zum Tode verurteilt wurde. Karl indes begnadigte den Abtrünnigen – er wollte es sich wohl auch nicht mit allen Bayern verderben – und verbannte ihn in eine Abtei.

Übrigens hatte Karl keineswegs nur Umgang mit (folgsamen wie unfolgsamen) Christen. Ohne religiöse Scheuklappen pflegte er mit dem damaligen islamischen Herrn der Gläubigen sogar gesandtschaftliche Verbindungen.

Vermutlich Ende 797 bricht eine Abordnung zum mächtigen Kalifen nach Bagdad auf. Die beiden Franken Sigismund und Landfried sollen diesem Karls Hilfe gegen das abtrünnige Emirat in Cordoba anbieten. Im Jahr 802 kehrt die Mission zusammen mit zwei Botschaftern des Kalifen und einigen Beigaben zurück. Die Nachricht von fabelhaften Geschenken verbreitet sich dabei wie ein Lauffeuer. Bald ist der Weg der Gesandten nach Aachen gesäumt von schaulustigem Publikum ...

Karl der Große begutachtet die Schätze, die ihm die Gesandten aus dem Morgenland mitgebracht haben – die fabelhaften Gaben faszinierten die Zeitgenossen im Frankenreich. So manches hatten sie nie zuvor gesehen …

Welches Geschenk des Kalifen von Bagdad sorgte 802 für Menschenaufläufe?

a) eine mechanische Wasseruhr

b) ein lebendiger weißer Elefant

c) eine geschichtenkundige Haremsdame

Schon das Gerücht über die Ankunft kostbarer Geschenke sorgte für Neugierige. Das vielleicht diplomatischste Präsent war ein kostbares Gewand mit einem eingestickten Satz, auf den sich Muslime und Christen einigen konnten: »Es gibt nur einen Gott.« Doch von diesem Gewand nahmen die Zeitgenossen keine Notiz. Auch die Wasseruhr wurde nicht bewundert – dieses Geschenk erreichte die Franken erst später. Und von einer mitgereisten Haremsdame berichten die Quellen überhaupt nichts.

Tatsächlich war die Neuigkeit des Jahres 802 ein lebender weißer Elefant. Niemand hatte in Europa seit Hannibals Tagen einen echten Elefanten gesehen – und bis zu den Kreuzzügen geraume Zeit später sollte das auch nicht wieder vorkommen. Und so ließ die Nachricht von einem entsprechenden Geschenk die Menschen an dem Weg zusammenströmen, der von den nach Aachen reisenden Boten eingeschlagen wurde. Vermutlich waren die meisten Schaulustigen, die nach der Übergabe um Karls Residenz herumlungerten, stärker an dem Tier interessiert als am König. Karl selbst soll hingerissen gewesen sein von dem mächtigen Wesen, das er und die Seinen selbstverständlich als ein höchst angemessenes Symbol seiner Macht verstanden.

Der Dickhäuter trug allerdings den Namen des sagenhaften Elefanten Abul Abbas, der sich, nachdem er in den Koran geblickt habe, gen Mekka verneigt haben soll. Der Kalif wollte damit zum Ausdruck bringen, dass er den Franken als seinen Vasallen akzeptierte. Karl dürfte die Doppeldeutigkeit dieses Geschenkes allerdings entgangen sein. Oder (politisch noch viel geschickter) er ignorierte diese Bedeutung – zurückgeschickt hat er den Elefanten jedenfalls nicht. Das wäre für den Dickhäuter aber vielleicht besser gewesen. Denn bei den Franken erhielt er zwar eine schmuckvolle Menagerie, musste fortan aber auf allen Reisen des Königs dabei sein. Kein Wunder, dass der Koloss schon acht Jahre später starb.

Eine Haremsdame hätte übrigens wohl kaum für so viel Aufsehen bei den Franken gesorgt. Ein wenig spöttisch muss man sagen, dass Karl der Große von genügend starken und schönen Frauen umgeben war. Von seinen vier Ehefrauen und den uns bekannten sechs offiziellen Geliebten, den sogenannten »Friedelfrauen«, hatte Karl mindestens neun Töchter (und vermutlich annähernd so viele Söhne). Eine Heirat seiner Töchter kam

Gedankenaustausch: der König inmitten von Gesandten aus fernen Ländern und Mitgliedern des eigenen Hofstaates.

für den Herrn Papa übrigens nicht infrage: Zu sehr fürchtete er, die möglichen Schwiegersöhne könnten mit ihren Ansprüchen das mühsam erweiterte Reich teilen und damit seinen Einfluss langfristig schmälern.

Für den einen oder anderen verkniffenen Gelehrten waren die hübschen Töchter bestimmt eine Herausforderung: Wie auch Karls Söhne genossen sie eine gelehrte Erziehung. Zumindest Rothrud, Gisla und Bertha sprachen klassisches Latein und besaßen einen außerordentlichen Wissensstand. Noch dazu benahmen sich die Damen überaus selbstbewusst, freundlich und so verführerisch, dass der Haus- und Hofgelehrte Alkuin zu seinen Schülern gesagt haben soll: »Hütet euch vor den gekrönten Tauben, die im Palast umherflattern.« Dabei war der berühmte Schulleiter selbst kein Kind von Traurigkeit ...

> *»Ach, wäre mir doch wie dem Habakuk eine Entrückung (zu dir hin) vergönnt, wie würde ich mit schnellen Händen in deine Umarmung sinken, wie würde ich mit zusammengepressten Lippen nicht nur Augen, Ohren und Mund, sondern auch deine einzelnen Finger und Zehen küssen, nicht einmal, sondern viele Male.«*
>
> (Alkuin in einem Brief an Bischof Arno von Salzburg)

Bei Hofe ging es tatsächlich zu wie in einem Taubenschlag. Karl brauchte qualifizierte Leute, um sein wachsendes Reich zu befrieden, zu festigen und zu ordnen. Und Bildung stand ganz oben auf der innenpolitischen Agenda. Der erbeutete Schatz der Awaren ermöglichte zum Beispiel die Einrichtung einer Hofschule. Dafür scharte er viele berühmte Gelehrte seiner Zeit um sich, überwiegend Geistliche. Sie sorgten sich nicht nur um den Gottesdienst, sondern fungierten als Notare, Urkundenschreiber und politische Berater. An Karls Hof und in ausgewählten Klöstern beugten sich zudem Menschen über antike Schriften, die rezitiert, abgeschrieben und übersetzt wurden. In anderen

Schreibstuben entstanden die Reichsannalen als die Geschichtsschreibung des Hofes. Und bei den großen Stämmen des Reiches tauchten Gesandte auf, die sich für die lokale Rechtsprechung interessierten und die Ergebnisse in dicken Folianten festhielten. Daraus entstand die königliche Gesetzgebung, die sogenannten Kapitularien. Für die Ordnung in seinem Reich setzte sich der Herrscher aber noch andere Reformziele ...

Mit welcher Reichsreform kann sich Karl durchsetzen?

a) einem wirksamen Verfahren gegen Korruption

b) einer im ganzen Frankenreich verstandenen Sprache

c) einer einheitlichen Liturgie

Wie in vielen Gesellschaften gehörte es auch in Karls Reich zum guten Ton, Geschenke zu verteilen und zu empfangen. Es war üblich, mit einem Geschenk an die richtige Person günstige Stimmung für ein Anliegen zu erzeugen. Trotzdem gab es schon unter den Karolingern einen Sinn für Korruption und Klagen über unzuverlässige fürstliche Richter. So sehr sich der König bemühte – gegen die Bereicherungswünsche seiner Amtsträger konnte er aber kaum etwas ausrichten. Sogar Karls eigener Haushofmeister Liutfried unterschlug Gelder, die für Arme und Arbeiter bestimmt waren. »Er sammelte von der Arbeit jener Unglücklichen solche Reichtümer, dass Pluto und Dis den Mammon nicht anders als auf einem Kamele zur Hölle bringen konnten«, empörte sich der Geschichtsschreiber Notker und verwies deutlich auf die solchen Personen drohende unirdische Strafe.

»Du sollst von niemandem für Gerichtssachen Geschenke annehmen ... Dieses Übel ist außerordentlich stark verbreitet unter den Christen, und diejenigen, die ihre eigenen Angelegenheiten gering achten sollen, raffen fremdes Gut in unrechtmäßiger Weise an sich.«

(der Gelehrte Alkuin an Bischof Arno von Salzburg, vermutlich im Jahr 802)

In einem Riesenreich wie dem der Franken liegt es auf der Hand, dass die Bürger in unterschiedlichen Sprachen kommunizierten. Schon Dialekte unterschieden sich stärker als heute, so dass kaum ein Bayer einen Friesen verstand. Karl selbst konnte zwar nicht schreiben, aber mehrere Sprachen fließend sprechen. Er interessierte sich für die Volkssprache, ließ alte Lieder und Sagen wie das Hildebrandslied aufschreiben und gab eine Grammatik für das Althochdeutsche in Auftrag. Einen eigenen Beitrag konnte er sich dabei nicht verkneifen: Er dachte sich neue Bezeichnungen für die teils lateinisch, teils deutsch benannten Monate aus. Der Januar wurde zum Wintarmonath, der Februar Hornung und aus dem März wurde Lenzinmonath. Noch heute singen wir über den Lenz, der grüßen lässt. Eine einheitlich im ganzen Frankenreich verstandene Sprache setzte sich allerdings nicht durch. Höchstens das Lateinische wurde – zumindest unter Klerikern und Gebildeten – einigermaßen verstanden. Allerdings notierten hohe Kirchenbeamte, dass das eigene Personal teilweise grauenhaftes Küchenlatein spreche. Und so wurden auf Kirchenkonzilen lateinische Reden in die jeweilige Landessprache übersetzt ...

Bei der Vereinheitlichung der Liturgie konnte sich Karl allerdings tatsächlich durchsetzen. Die Kirche unterstützte den Monarchen bei der Verwaltung seines Riesenreiches. Dessen Bemühungen um Ordnung und Frieden bedeuteten aber auch, dass er sich, wenn er es für nötig befand, in innerkirchliche Angelegenheiten einschaltete. Karl informierte also seine Bischöfe, er wünsche endlich die einheitliche Einführung des von Papst Gregor geordneten Gesanges und man solle bitte schön dafür sorgen, dass inhaltliche Fehler und Verstöße gegen die angemessene Form des Gottesdienstes nicht mehr vorkommen. Tatsächlich sorgten schließlich neue Liturgiebücher und Schulungsmaßnahmen dafür, dass die vorher nach Gutdünken abgehaltenen Gottesdienste einen einigermaßen einheitlichen Ablauf bekamen.

Bei seinem Tod im Jahr 814 hatte Karl schließlich alles erreicht, was er wollte. Sein Reich hatte er vergrößert, und die Zahl der – wenn auch nicht immer vollständig und freiwillig überzeugten – christlichen Schäfchen massiv erhöht. Die Kaiserwürde, die ihm im Jahr 800 verliehen wurde, erkannte zwölf Jahre später sogar das oströmische Byzanz an. Schon zu Lebzeiten war Karl also für seine Zeitgenossen ein ganz besonderer Regent – lange bevor er auf Anregung Kaiser Barbarossas im Jahr 1165 heiliggesprochen wurde.

Aber wie das bei großen Herrschern so ist – nach ihrer Zeit geht's oft genug bergab. Auch Karls großes Reich der Franken zerfiel schließlich in drei Teile. Erst mit dem Europa-Gedanken lebte wieder auf, was Karl schon vor 1.200 Jahren vorhatte: ein gerechtes, friedliches Reich für Millionen von Menschen.

> *»Schließlich ist Europa etwas anderes als einfach nur eine Genossenschaft seiner Mitgliedstaaten. Denn die Bürger unserer Staaten fühlen sich auch als Bürger Europas, und es ist manchmal sogar schwierig, die Geschichte dieser Staaten klar voneinander zu trennen. Ich denke dabei insbesondere an Karl den Großen: In Rom wurde er zum Kaiser gekrönt, sein ältester Sohn regierte über das Königreich Aquitanien, sein Ratgeber Alkuin wurde in York geboren und brachte die Klöster der Touraine zur Blüte – dieser Karl der Große, der nur zwei Schritte von hier seine letzte Ruhestätte fand und dessen Eltern, Pippin*

und Bertha, in St. Denis, vor den Toren von Paris, begraben sind.«

(Valerie Giscard d'Estaing in seiner Dankesrede beim Erhalt des Karlspreises im Jahr 2003)

Tipps zum Weiterlesen:

Pierre Riché: Die Welt der Karolinger, Stuttgart 1999. Gut lesbares, mit vielen Originaltexten versehenes Büchlein über das Lebensgefühl im Frühmittelalter.

Rosamond McKitterick: Karl der Große, Darmstadt 2008. Umfassende, wissenschaftlich gehaltene Darstellung.

06

Geliebt, gefürchtet, verbrannt

Das kurze Leben der Jeanne d'Arc

Das Mädchen hört die Stimmen – die romantische Umsetzung des Themas durch den französischen Bildhauer François Rude (1784–1855).

Männer machen Geschichte. Diesen Eindruck jedenfalls vermittelt der Blick in die Geschichtsbücher über das Mittelalter: Von Königen und Kaisern ist da die Rede, von Rittern und Bischöfen, vom Papst oder gleich dem lieben Gott. Die Frauen kommen bei dieser Betrachtung ein wenig zu kurz – zu Unrecht: Es gab Königinnen oder auch Mystikerinnen, die in ihrer Zeit die Welt entscheidend verändert haben. Ganz zu schweigen von den Frauen an der Seite der angeblich so starken Männer, die wohl schon vor tausend Jahren den Herrn Gemahl in beruflichen Dingen genauso sehr beeinflusst haben, wie dies heute noch oft der Fall ist ...

Eine der wenigen Frauen, die es in der Erinnerung an das Mittelalter aber zur Unsterblichkeit gebracht haben, ist Jeanne d'Arc, die »Jungfrau von Orléans«. Die Franzosen verehren sie als Nationalheldin, die katholische Kirche als Heilige, und seit William Shakespeare und Friedrich Schiller ist sie zudem als

Figur der Weltliteratur auf den Bühnen Europas zu Hause. Nüchtern betrachtet war sie zunächst einmal ein einfaches Mädchen vom Lande: Geboren vermutlich im Jahr 1412 – wie so vieles in ihrem Leben, so ist schon ihr Geburtsdatum ungewiss – und zwar in dem kleinen Dorf Domrémy in Lothringen. Ihre Eltern waren wahrscheinlich wohlhabende Bauern, die Familienmitglieder galten in der Gemeinde als anständige Leute und gottgefällige Katholiken – einer der drei Söhne der Familie wurde sogar Pfarrer. Wenn man so will, wuchs Jeanne vergleichsweise unauffällig heran. Ihr beschauliches Leben auf dem Lande änderte sich allerdings schlagartig, als die damals 13-Jährige erstmals göttliche Stimmen zu hören glaubte.

> *»Als ich dreizehn Jahre alt war, hatte ich eine Stimme von Gott, die kam, um mich zu leiten. Das erste Mal hatte ich große Furcht. Die Stimme kam ungefähr zur Mittagsstunde, im Sommer, im Garten meines Vaters. Am Tag zuvor hatte ich gefastet.«*
>
> (Jeanne d'Arc bei einer Aussage vor ihren Richtern am 22. Februar 1431)

Und diese Stimmen erteilten dem Mädchen einen unglaublichen Auftrag ...

Was befahlen göttliche Stimmen der jungen Jeanne d'Arc?

a) Sie solle Frankreich von den Engländern befreien.

b) Sie solle den Papst aus seinem Exil in Avignon befreien.

c) Sie solle Wien von den Türken befreien.

Das Exil des Papstes in Avignon gab es zwar, aber bereits zwischen 1309 und 1376, also noch vor der Geburt Jeanne d'Arcs. Und auch wenn noch einige Jahre später sogenannte Gegenpäpste von Avignon aus agierten – zu diesem hochkomplexen innerkirchlichen Streit äußerten sich die göttlichen Stimmen gegenüber der 13-jährigen Jeanne d'Arc nicht. Und auch über Wien und die Türken schwiegen sie sich aus – vor allem wohl, weil die große Belagerung der Stadt durch die Osmanen auch erst 1529 stattfand. Tatsächlich befahlen die Stimmen dem Bauernmädchen nicht weniger als die Befreiung Frankreichs von den Engländern.

> *»Die Stimme sagte mir, dass ich nicht länger bleiben könne, wo ich war, und dass ich die Belagerung der Stadt Orléans aufheben müsse. ... Ich antwortete, dass ich ein armes Mädchen sei, das nicht zu reiten und Krieg zu führen verstünde.«*
>
> (Jeanne d'Arc gegenüber ihren Richtern über ihren Auftrag)

Die Befreiung von den Engländern war zu diesem Zeitpunkt wohl die schwierigste Aufgabe, die jemandem in Frankreich zufallen konnte: Das Land und seine Menschen litten seit Jahrzehnten unter den Folgen des sogenannten »Hundertjährigen Kriegs« mit England. Dieser war 1337 ausgebrochen (also über 70 Jahre vor Jeannes Geburt) und sollte noch bis 1453 andauern – und damit streng genommen sogar noch deutlich länger als jene hundert Jahre, die ihm seinen Namen gaben.

Auslöser des Konflikts war das Aussterben der französischen Herrscherdynastie der Kapetinger in direkter Linie, woraufhin der englische König aufgrund seines Verwandtschaftsgrades Anspruch auf den französischen Thron erhob. Der Streit mündete in militärischen Auseinandersetzungen, die sich ausschließlich auf französischem Boden abspielten. 1415 – also kurz nach der Geburt von Jeanne d'Arc – waren Nordwest-Frankreich und Paris in englischer Hand, und der englische König Heinrich V. trat das Erbe der französischen Krone an. Der französische Thronfolger, der spätere Karl VII., sah sich Richtung Süden zurückgedrängt. Ihn sollte sie – so hatte die junge Jeanne d'Arc von ihren Stimmen erfahren – aufsuchen und ihm den Weg auf seinen rechtmäßigen Thron ebnen. Wie gesagt: Das war wahrscheinlich die heikelste Aufgabe, der man sich in dieser Situation in Frankreich stellen konnte.

Doch Jeanne – beseelt und bestärkt durch ihre Stimmen – scheute die gewaltige Aufgabe nicht und verließ ihr lothringisches Heimatdörfchen. Ihr Ziel war zunächst die Festung Vaucouleurs, deren Kommandanten sie nach einigen Versuchen davon überzeugen konnte, sie mit einer bescheidenen Eskorte zu versehen, die sie zum französischen Thronfolger in die Stadt Chinon geleiten sollte. Diese Reise war nicht ohne Gefahren, denn sie führte mehrere Tage durch Feindesland. Und schon zu diesem Zeitpunkt hatte sich die Geschichte von dem Bauernmädchen und den göttlichen Stimmen verbreitet, und so dürfte auch Karl VII. vor ihrem Eintreffen bereits erste Informationen über dieses eigentümliche Mädchen aus Lothringen erhalten haben.

Der 26-jährige Herrscher zögerte zunächst, Jeanne zu empfangen. Das ist nur zu verständlich. Angesichts der bedrohlichen Lage für sein Land hatte er wohl bereits genug um die Ohren, und ein Bauernmädchen mit Erscheinungen dürfte ihm ein wenig suspekt erschienen sein. Was dann bei dem schließlich doch stattfindenden Treffen geschah und gesagt wurde, lässt sich nicht mehr eindeutig rekonstruieren. Angeblich offenbarte Jeanne ihrem König ein Geheimnis, das eigentlich nur ihm bekannt gewesen sein konnte – und hat ihn so für sich gewonnen.

> *»Edler Dauphin, ich heiße Johanna die Jungfrau. Und Euch tut der König des Himmels durch mich kund, dass Ihr in der Stadt Reims gesalbt und gekrönt werdet und der Statthalter des Himmelskönigs, welcher der Herr Frankreichs ist, sein werdet. …*

Ich sage Euch, dass Ihr der wahre Erbe Frankreichs und Sohn des Königs seid.«

(Jeanne in ihrem Prozess über ihr Gespräch mit Karl VII.)

Jeanne d'Arc (in dieser Illustration bereits in strahlendem Weiß gekleidet) erreicht die Stadt Chinon. Nun gilt es, den französischen Thronfolger von ihrer Mission zu überzeugen ...

Der König hörte solche Worte sicherlich gerne. Schließlich litt er als Sohn des schwachsinnigen Karl VI. permanent unter dem unangenehmen Umstand, dass sein Vater seine legitime Abstammung bestreiten ließ. So hatte er als nur einer von mehreren möglichen Thronfolgern auch nur einen Teil der französischen Fürsten hinter sich scharen können. Und in Anbetracht der militärischen Lage konnte ihm eigentlich jede Hilfe recht sein.

Doch zunächst musste er versuchen, Klarheit über die Motive und die Glaubwürdigkeit Jeannes zu erlangen. Und so trafen sich in den kommenden Tagen zahlreiche hochgestellte Persönlichkeiten (natürlich auch Geistliche) mit dem Mädchen. Doch deren Eindrücke reichten dem König noch nicht für eine endgültige Entscheidung aus. Er schickte sie mit einem Gefolge in die Stadt Poitiers. Drei Wochen lang wurde Jeanne d'Arc dort von hohen Geistlichen und königlichen Räten befragt – und die waren durchaus angetan von dem Mädchen.

> *»In ihr war nichts Böses zu finden, nur Gutes, Demut, Jungfräulichkeit, Ehrlichkeit, Bescheidenheit.«*
>
> (aus der Zusammenfassung des Kommissionsberichts über Jeanne d'Arc)

Jeanne d'Arc wurden alle nur denkbaren guten Eigenschaften zugeschrieben – obwohl die Quellen zugleich den Schluss zulassen, dass sie bei den Befragungen zuweilen impulsiv, schlagfertig, vielleicht sogar ausfallend reagierte. Ein Umstand war den Prüfern besonders wichtig ...

Warum legte man Wert darauf, dass es sich bei Jeanne d'Arc um eine Jungfrau handelte?

a) Sie konnte nicht vom Teufel besessen sein.

b) Sie galt bei einem Waffengang als unverwundbar.

c) Sie durfte im Krieg nicht gefangen genommen werden.

Es kann nicht überraschen, dass für die Prüfungskommission des Königs entscheidend war, dass Jeanne tatsächlich in der Lage war, göttlichen Willen zu vernehmen und zu übermitteln. Und deshalb schien ihr Status als Jungfrau entscheidend – denn eine Jungfrau war nach den Anschauungen jener Zeit tatsächlich dagegen gefeit, vom Teufel besessen zu sein.

> *»Im Namen Gottes, ich bin nicht nach Poitiers gekommen, um Zeichen zu tun. Aber führt mich nach Orléans, dort werde ich Euch die Zeichen weisen, derentwegen ich gesandt bin.«*
>
> (Jeanne d'Arc während ihrer Prüfung in der Stadt Poitiers 1429)

Nun stand aus Sicht des Königs eigentlich einer Bewährungsprobe für das mutige Mädchen mit der frohen Botschaft nichts mehr im Wege. Sie selbst hatte immer wieder gefordert, man möge sie nach Orléans ziehen lassen. Die Stadt wurde seit Monaten von den Engländern belagert. Und doch gelang es immer wieder Kurieren und Proviantzügen, in die Stadt zu gelangen. Mit einem solchen Versorgungszug sollte nun Jeanne d'Arc in die Stadt ziehen. Der König gab dem Mädchen seine Chance – und Jeanne d'Arc nutzte sie: Am 29. April 1429 erreichte ihr Zug die Stadt – und die Menschen jubelten Jeanne d'Arc zu, als sei dieses Ereignis ausschließlich ihr und ihren göttlichen Eingebungen zu verdanken.

> *»Sie wurde von allen, Kleinen und Großen, Männern und Frauen, mit solchem Jubel und Begeisterung empfangen, als wäre sie ein Engel Gottes gewesen. Jedermann hoffte, dass man dank ihrer Ankunft von den Feinden befreit würde – was auch tatsächlich geschah.«*
>
> (ein Bürger von Orléans über Jeannes Eintreffen in der Stadt)

Die bejubelte Jungfrau dürfte aber zuweilen ein ziemlich ungeduldiges Menschenkind gewesen sein: Jeanne wollte möglichst rasch einen militärischen Schlag gegen die Engländer führen. Sie war dermaßen ungeduldig, dass sie zumindest schon einmal zum verbalen Angriff überging: Von der Stadtmauer herab schrie sie die Engländer an, sie sollten in ihr Land zurückkehren, anderenfalls werde sie sie vertreiben. Die Belagerer antworteten – offensichtlich eher belustigt als verängstigt – mit Beschimpfungen; die Titulierung als »Kuhhirtin« dürfte da wohl noch die charmanteste gewesen sein.

Doch die Engländer unterschätzten vielleicht, wie groß die psychologische Wirkung des Mädchens auf die Verteidiger der Stadt war. Denn ohne Zweifel motivierte ihr impulsives Drängen zum Angriff. Und die Hoffnung auf Befreiung durch die Jungfrau steigerte sich noch, als es tatsächlich zum ersten Waffengang kam. Eine der stärksten feindlichen Stellungen konnte von den Franzosen eingenommen werden, wobei diese selbst geringe, die Engländer aber starke Verluste erlitten. Jeanne d'Arc selbst hatte an dem Kampf teilgenommen, ebenso an einem weiteren Angriff. Die Entscheidung fiel am 8. Mai 1429: Die Engländer wurden so empfindlich geschlagen, dass sie ihre Zelte abbrachen und ihre Stellungen aufgaben – Orléans war frei. Und Jeanne d'Arc hatte ihre erste große Aufgabe, die ihr ihre Stimmen gestellt hatten, erfüllt.

Bei dieser Befreiung der Stadt hatte sie ihr Leben riskiert – und hätte es fast verloren. Sie war in der vordersten Front der französischen Soldaten unterwegs gewesen, als sie von einem Pfeil in der Schulter getroffen wurde. Zweifelsohne wurde sie dabei verletzt. Wie schwer, bleibt unklar. Sie soll angeblich trotz ihrer Verwundung die zögernden Soldaten zum weiteren Angriff angefeuert haben. Dabei hatte sie an diesem wie in den vergangenen Tagen niemals selbst das militärische Kommando inne – und die angeblichen Augenzeugenberichte von ihrem unerschrockenen Kampfgeist dürften zumindest sehr wohlmeinend gewesen sein ...

Das Bild einer Heldin: Orléans ist befreit – und die Menge bejubelt ihre Befreierin; so präsentiert es jedenfalls der französische Maler Jean-Jacques Scherrer (1855–1916).

»Nachdem mein Vetter Salisbury, Gott sei ihm gnädig, gefallen war, kam über Eure dort zahlreich versammelten Leute ein schwerer Schlag, von der Hand Gottes, wie es schien. Meiner Ansicht nach wurde er jedoch zum großen Teil durch Aberglauben und blinde Furcht verursacht, die eine Anhängerin und Spionin des Teufels, Pucelle genannt, die von bösen Beschwörungen und Zauberei Gebrauch machte, erweckte.«
(Brief des Herzogs von Bedford an seinen König in England)

Die Franzosen feierten die Taten der »Jungfrau«, die Engländer sahen den Teufel am Werk – so gehen die Einschätzungen je nach Ausgang einer Schlacht eben auseinander. Ganz sicher aber hatte Jeanne d'Arc sich auf den Kampf vorbereitet ...

Welchen Luxus leistete sich Jeanne d'Arc im Kampf gegen die Engländer?

a) Sie trank vor jeder Schlacht große Mengen Rotwein.

b) Ihre Rüstung war mit roter Seide gefüttert.

c) Ein Mönch musste ihr fortwährend Choräle ins Ohr singen.

In Sachen Alkohol dürfen wir der »Jungfrau« durchaus eine gewisse Zurückhaltung unterstellen, weshalb der Genuss von großen Mengen Rotweins vor einer Schlacht kaum vorstellbar ist (übrigens nahmen Männer nicht nur im Mittelalter gerne berauschende Substanzen vor den wenig erfreulichen Waffengängen zu sich). Auch von einem singenden Mönch als »Jungfrau«-Flüsterer ist nichts überliefert – und wäre auf einem Schlachtfeld wohl auch extrem unpraktisch gewesen.

Tatsächlich ist überliefert, dass ihre Rüstung innen ganz mit roter Seide gefüttert war – ein Luxus, den man von außen selbstverständlich nicht sah. Auf dem Schlachtfeld und für alle sichtbar imponierte sie vielmehr durch die vollständige Ritterrüstung, mit der sie der König hatte ausstatten lassen – samt einem eigens für sie angefertigten weißen Panzer und einem eigenen Banner.

> *»Johanna war von großer Mäßigkeit im Essen und im Trinken und keusch dazu. Sie hörte jeden Tag andächtig die Messe und empfing jede Woche den Leib des Herrn mit inbrünstiger Ehrfurcht.«*
>
> (ein Zeuge über Jeanne d'Arc)

Von der eigentümlichen Wirkung der »Jungfrau« profitierte nun erst einmal Karl VII., der am 17. Juli 1429 in der Stadt Reims zum König erhoben wurde – dort wo seit Jahrhunderten die Könige Frankreichs gesalbt und gekrönt worden waren. Jeanne d'Arc stand bei der feierlichen Zeremonie mit ihrem Banner neben dem Altar – das zeigt, welche Position sie inzwischen einnahm. Doch die augenscheinlich so enge Beziehung zum König war nicht frei von Differenzen. Denn Jeannes offensiven militärischen Tatendrang teilte der Herrscher nicht. Nachdem sie mit seinen Soldaten erfolglos versucht hatte, Paris zu befreien, war das Verhältnis ziemlich abgekühlt, während das Volk sie weiterhin gläubig verehrte.

Es war ein Schock für die Franzosen, als sie von der Festnahme Jeanne d'Arcs am 23. Mai 1430 hörten. Burgundische Soldaten hatten sie ergreifen können und verkauften sie einige Wochen später an die Engländer. Diese ließen sich die Chance nicht entgehen und übergaben sie der katholischen Gerichtsbarkeit in Rouen. Sie sollte der Jungfrau den Prozess machen – und die Engländer konnten guter Dinge sein, die symbolträchtige und erfolgreiche Feindin auf diesem Wege endgültig und vergleichsweise elegant loszuwerden ...

»Dieses Mädchen, das ihr hier seht, Johanna, ist im Bereich Unserer Diözese Beauvais gefangengenommen worden; sie ist verschiedener Vergehen gegen den rechten Glauben angeklagt, die sie innerhalb Unserer Diözese und anderorts begangen und wovon die ganze Christenheit Kenntnis hat. Der allerchristlichste Fürst und Herrscher, Unser König Heinrich, hat sie Uns übergeben, um einen Prozess gegen sie in Sachen des Glaubens anzustrengen.«

(der Vorsitzende des Tribunals, Pierre Cauchon, bei Eröffnung des Prozesses 1431)

Es war von Beginn an ein ungleicher Kampf: Sechzig bestens geschulte Kleriker und Gelehrte, die als erfahrene Streiter vor Gericht alle Schliche einer erfolgreichen Befragung kannten, gegen eine 19-Jährige, die noch dazu nach einigen Monaten Kerkerhaft geschwächt vor ihre Ankläger trat. Aber – und das zeigen die überlieferten Protokolle ohne Frage – Jeanne d'Arc wollte sich nicht kampflos der Übermacht ergeben. Sie wehrte sich mit aller Konzentration gegen ihre Ankläger, überraschte sie immer wieder durch ihre Schlagfertigkeit und ihre klugen Antworten, wenn ihr wieder einmal eine Falle gestellt wurde.

Jeanne d'Arc? Ingrid Bergman! In einer amerikanischen Verfilmung von 1948.

»Ich schwöre, die Wahrheit zu sagen auf Fragen nach meiner Herkunft und nach allem, was ich tat, seit ich nach Frankreich kam. Was aber meine göttlichen Offenbarungen angeht, so habe ich darüber nie gesprochen, noch sie irgendjemandem, außer Charles, meinem König, anvertraut. Und wollt Ihr mir den Kopf abschlagen, so würde ich nicht davon reden können, denn meine geheimen Ratgeber, meine Stimme, haben es mir untersagt.«

(Jeanne d'Arc zu Beginn ihres Prozesses 1431)

Der Prozess wurde nach den Regeln der Inquisition geführt. Die Angeklagte hatte sich gegen den Vorwurf zu wehren, eine Ketzerin zu sein und gegen Gott und die Gesetze der Kirche verstoßen zu haben. Diese Anklage ließ Spielraum für viele Details ...

Für welches »Vergehen« musste sich Jeanne d'Arc auch vor ihren Richtern verantworten?

a) Sie hatte Männerkleidung getragen.

b) Sie hatte sich als Priester verkleidet.

c) Sie weigerte sich Schuhe zu tragen.

Es ist nicht bekannt, dass sich Jeanne d'Arc einmal als Priester verkleidet hätte – bei ihren Kämpfen gegen die Engländer wollte sie ja schließlich von Freund wie Feind erkannt werden. Und zu ihrer prunkvollen Rüstung gehörten selbstverständlich auch ordentliche Stiefel, barfuß ist sie niemals in den Kampf gezogen. Tatsächlich hatte sie allerdings Männerkleidung getragen. Die Anklage bewertete diesen Umstand (»unehrerbietig und unpassend Kleid und Beruf der Krieger annehmend«) als »die Ehrbarkeit und Schicklichkeit ihres Geschlechts verletzend«.

Ihn wollte Jeanne d'Arc zum Herrscher über Frankreich machen: Karl VII. in einer Darstellung aus dem 15. Jahrhundert.

Die Sache mit den Männerkleidern sollte offiziell auch ihr Verhängnis werden. Als man ihr bei der Urteilsverkündung eröffnete, dass sie als Ketzerin verbrannt werden sollte, schwor Jeanne d'Arc überraschend (vermutlich sehr nachvollziehbar aus Angst vor dem jämmerlichen Tod) ihren Überzeugungen ab. Dafür gab es zunächst ein »mildes« Urteil, nämlich lebenslange Haft. Doch schon wenige Tage später legte sie die seit diesem »Geständnis« abgelegten Männerkleider wieder an, bezeugte erneut den göttlichen Charakter ihres Auftrags – und damit erschien sie schließlich doch als wortbrüchige Ketzerin überführt. Am 30. Mai 1431 wurde sie in Rouen verbrannt. Ihre Asche wurde in die Seine gestreut.

> *»Im Krieg hat sie die Soldaten angeführt und unmenschliche Grausamkeiten begangen. Aber Gott, voll Erbarmen mit den irregeleiteten Menschen, hat das elende Weib in unsere Hand gegeben, um darzutun, dass Sein Geist nicht in ihr sei.«*
>
> (der englische König Heinrich VI. über Jeanne d'Arc)

Mit ihrer Hinrichtung wurde Jeanne d'Arc für viele Franzosen erst recht zur Heldin. 25 Jahre später führte ein Rehabilitationsprozess unter neuen politischen Vorzeichen zu dem Ergebnis, dass Jeanne d'Arc unschuldig verurteilt und verbrannt worden

Die Hinrichtung in Rouen (Darstellung von 1889). Die Jungfrau von Orléans stirbt – und ein Mythos wird geboren. Es folgen Jahre später Rehabilitierung, dann die Selig- und Heiligsprechung.

sei. Auch die Kirche erteilte dem ehemaligen Bauernmädchen höchst offiziell ihren Segen: 1909 wurde sie von Pius X. seliggesprochen, 1920 folgte die Heiligsprechung durch Benedikt XV. Zur französischen Nationalheldin entwickelte sich Jeanne d'Arc im 20. Jahrhundert allerdings aus anderen Gründen: Im Ersten Weltkrieg erschien sie manchem Kämpfer als wackere Mitstreiterin gegen die Deutschen, und im Zweiten Weltkrieg soll sich General Charles de Gaulle auf sie berufen haben.

> *»Sie ist die große Kriegsheilige des christlichen Kalenders, der wunderlichste Kauz unter den exzentrischen Gestalten des Mittelalters ... Auch war sie einer der ersten Apostel des Nationalismus.«*
> (der Schriftsteller George Bernard Shaw über Jeanne d'Arc)

Die verbrannte Ketzerin, das unschuldige Mädchen, die gefeierte Nationalheldin – das alles führte dazu, dass Jeanne d'Arc gewissermaßen eine zweite Karriere in Romanen, Theaterstücken und später im Kino erlebte. Bei Shakespeare taucht sie auf, Friedrich Schiller setzte ihr mit »Die Jungfrau von Orléans« ein Denkmal. Auch andere deutsche Künstler fühlten sich von ihrem Schicksal inspiriert ...

In welchem Stück griff Bertolt Brecht auf das Motiv der »Jungfrau von Orléans« zurück?

a) »Die Heilige Johanna der Gutshöfe«

b) »Die Heilige Johanna der Bauernhöfe«

c) »Die Heilige Johanna der Schlachthöfe«

Brechts heilige Johanna wirkte weder auf Bauernhöfen noch herrschte sie über Gutshöfe. Tatsächlich entstand seine »Heilige Johanna der Schlachthöfe« 1929/30, wurde aber erst 1959 in Hamburg uraufgeführt. In diesem ersten und bekanntesten seiner insgesamt drei Johanna-Stücke geht es Brecht – selbstverständlich – um den Widerstand gegen Ausbeutung und Unterdrückung. In diesem Kampf muss seine Johanna als Aktivistin der Heilsarmee einsehen, wie wenig guter Wille und rechter Glaube gegen die Macht des entfesselt auftretenden Kapitalismus ausrichten können.

Diesmal geht es nicht gegen die Engländer, sondern die Deutschen: Jeanne d'Arc mit einem französischen Soldaten im Ersten Weltkrieg – auf einer Postkarte von 1916.

»Es hilft nur Gewalt, wo Gewalt herrscht, und
Es helfen nur Menschen, wo Menschen sind.«

(Johanna in Brechts »Heiliger Johanna der Schlachthöfe«)

Schriftsteller und Regisseure, Nationalisten und Theologen – sie alle haben sich zu allen Zeiten ihr ganz eigenes Bild von der »Jungfrau von Orléans« gemacht. Es ist müßig, sich angesichts dieser Konstruktionen auf die Suche nach der »wahren« Jeanne d'Arc zu machen. Schließlich sind von ihrem Leben im Wesentlichen nur die Gerichtsprotokolle und die Äußerungen Dritter überliefert. Aber bekanntlich braucht ein Mythos keine historischen Fakten; zuweilen ist es für die Entstehung von Mythen und die Geburt von Helden geradezu hilfreich, wenn gar nicht so viele historische Fakten greifbar sind ...

Tipp zum Weiterlesen:

Herbert Nette: Jeanne d'Arc. Mit Selbstzeugnissen und Bilddokumenten, Reinbek 2007. Eine seit 30 Jahren immer wieder aufgelegte Biografie, als knappe und informative Darstellung zu empfehlen.

07

Macht aus Stein

Burgen, Schlösser, Kathedralen

Mit traurigem Blick schaut der Bucklige von den Wasserspeiern hinunter. Unten vor der Kirche tobt das pralle Leben – und mittendrin die bezaubernde Esmeralda, die der verunstaltete Quasimodo für seinen Herrn entführen soll. Das ist der Stoff, aus dem ein großes, zeitloses Drama gemacht ist – der Glöckner von Notre-Dame. Gut geht es bekanntlich nicht aus: Am Ende sind Esmeralda und Quasimodo tot, und nur die dritte Hauptperson der Geschichte überlebt alles Unglück – die Kathedrale.

> *»Ohne Verwirrung entwickelt sich alles dem Auge mit den unzähligen Einzelheiten der Bildhauer und Ziselierkunst und vereint sich mächtig mit der ruhigen Größe des Ganzen. Es gleicht einer ungeheuren steinernen Symphonie, das riesenhafte Werk des Menschen und des Volkes; es ist ein in sich zusammenhängendes Ganzes, ein wunderbares Erzeugnis der Vereinigung aller Kräfte einer Epoche.«*
>
> (aus dem historischen Roman »Der Glöckner von Notre-Dame«, erschienen 1831)

Gotische Baukunst in höchster Vollendung: Blick in die Kathedrale von Amiens, die um 1236 vollendet wurde.

Kein Zweifel, der Verfasser der Geschichte, der französische Romancier Victor Hugo, hatte etwas übrig für die mächtige Kirche in der Hauptstadt. Und auch wenn wir in unserer Gegenwart vieles etwas nüchterner sehen, strahlen die großen mittelalterlichen Kathedralen doch bis heute auf alle Menschen etwas Überlebensgroßes aus. Warum das so ist, lässt sich leicht erklären: Schon die Ausmaße der Kathedralen sind selbst für heutige Verhältnisse gewaltig. Als die Kathedrale von Amiens im 13. Jahrhundert erbaut wurde, hatte die Stadt 10.000 Einwohner – sie alle hätten in der riesigen Kirche Platz gefunden. Kein Wunder, dass auch die Bauzeiten entsprechend üppig ausfielen ...

Wie lange baute man an der Kathedrale Notre-Dame in Paris?

a) 13 Jahre

b) 20 Jahre

c) 57 Jahre

Heute wären Bauzeiten von 13 oder 20 Jahren unerträglich lang, aber für manche Kirche reichten selbst diese nicht aus. So war es auch in Paris: Ganze 57 Jahre – von 1163 bis ins Jahr 1220 – arbeitete man an Notre-Dame. Und das sicher nicht, weil die Franzosen vor lauter Savoir-vivre zu oft ihr Werkzeug beiseite legten, um bei Wein und Käse zu entspannen. Arbeits- und Kostenaufwand waren vielmehr so groß, dass die Baustellen oft über Generationen hinweg existierten. Viele der beteiligten Handwerker wussten also von vornherein, dass eine Kathedrale zu ihren Lebzeiten nicht fertig werden würde.

Im Übrigen waren die französischen Hauptstädter keineswegs herausragend langsame Bauherren, wenn es um Kathedralen geht: Auch am Kölner Dom wurde über 50 Jahre gebaut – und tatsächlich richtig fertig war er Jahrhunderte später: Erst 1880 wurde bekanntlich das Ende des Dombaus mit einem Fest gefeiert. So richtig abgeschlossen waren die Arbeiten an einer Kathedrale aber eigentlich nie, manchmal nahmen Innenausbau oder Anbauten noch viel Zeit in Anspruch. Und manchmal wurde Generationen später auch wieder neu begonnen: Mal änderte sich der Geschmack des jeweiligen Architekten oder der Geldgeber, mal mussten Unglücke wie Brände oder Plünderungen verkraftet werden. Berücksichtigt man alle weiteren Arbeiten, wie etwa den vollständigen Innenausbau, dauerte die Erschaffung von Notre-Dame noch deutlich länger, nämlich bis 1330 – also volle 167 Jahre.

Die Stadtbewohner mussten also zuweilen lange darauf warten, ihr neues Wahrzeichen in voller Pracht erleben zu dürfen. War es aber erst einmal fertig, wurde es zum Knotenpunkt des sozialen Lebens in der Stadt. Zunächst selbstverständlich wegen der Gottesdienste – für den mittelalterlichen Städter war die Sonntagsmesse schließlich ein Pflichttermin. Beim Betreten der Kathedralen durchschritt man symbolisch die Himmelspforte. Und die auf den mächtigen Türen oder den Portalen dargestellten Szenen erinnerten an Passagen aus der Bibel. Allerdings ging man nicht nur aus religiösen Gründen in die Kirche ...

> *»Wenn ich oft in die Kirche gehe,*
> *So alleine deshalb, um die Schöne zu sehen,*
> *Die frisch ist wie eine junge Rose.«*
>
> (die Dichterin und Schriftstellerin Christine de Pisan, 1363–1430)

Im Sonntagsgewand demonstrierte man den eigenen gesellschaftlichen Stand. Und da sich beim Gottesdienst jeder von seiner Schokoladenseite präsentierte, hielten auch manche Eltern sorgsam die Augen auf, mit wem sie wohl ihren Nachwuchs vermählen könnten. Während die Emporen in der Nähe des Chores

Neuzeitliche Illustration eines Mysterienspiels – das pralle Leben tobte rund um die Kathedralen, die damit zum Mittelpunkt des städtischen Lebens wurden.

meist für Nonnen, Stiftsdamen und Patronatsherren bestimmt waren, hieß es also weiter hinten: sehen und gesehen werden. Dabei gab es klare Vorschriften für die Bekleidung, damit rasch zu erkennen war, wer gesellschaftlich wo hingehörte. Die Messe selbst also war auf gewisse Weise auch ein vielschichtiges Gesellschaftsereignis, eine Art wöchentlicher Opernball ...

Aber auch sonst gab es für den Besucher oft geistliches wie weltliches Spektakel zu bestaunen: Große Prozessionen, Fastnachtsspiele um die Kathedrale herum, Gaukler auf dem Platz davor und Mysterienspiele – eine Art religionspädagogisches Theater – in der Kathedrale selbst. Dazu wurde auch noch an und in den Kathedralen zu Gericht gesessen – schließlich gab es kaum Versammlungsorte, die größer waren. Der Bau stand also oft nicht nur in der Mitte der Stadt, er war selbst Mittelpunkt des städtischen Lebens. Bei den rätselhaften Schriftzeichen, die wir heute noch auf den Steinen einer Kathedrale finden können, handelt es sich allerdings nicht um eine Art eingeritzte Mittelalter-Graffiti.

Welche Bedeutung haben die Zeichen auf den Mauersteinen einer Kathedrale?

a) Es sind Hinweise eines einflussreichen Geheimordens.

b) Es handelt sich um Herrschaftszeichen der ortsansässigen Machthaber.

c) Es sind die Unterschriften derer, die am Stein gearbeitet haben.

Dass viele der Steine einer Kathedrale mit eigentümlichen Zeichen versehen sind, die wie eine Mischung aus Runen und Hieroglyphen aussehen, hat nichts mit einem geheimen Orden oder

Selbst Ochsenköpfe mussten die Steinmetze schaffen – der Plan für die Kathedrale von Laon in Frankreich.

anderen Verschwörungstheorien zu tun – so gern wir auch das Mittelalter nutzen, um unseren Wunsch nach spannenden Geheimnissen, nach Mystik und Okkultem zu befriedigen. Und auch die Machthaber aus Hochadel oder Stadtpatriziat haben sich hier nicht verewigt. Sie bevorzugten es stattdessen, später in Erscheinung zu treten und ihren Teil eher beim Innenausbau der Kirche zu leisten, etwa durch Stiftung von Kunstwerken. Auf alten Glasbleifenstern etwa sind noch heute Porträts von Adeligen oder symbolische Darstellungen mächtiger Zünfte zu sehen.

Tatsächlich sind diese Zeichen so etwas wie die Unterschriften der Steinmetze, die am Stein gearbeitet haben: Die Gesellen markierten mit Symbolen die von ihnen gefertigten Steine, sie zeichneten quasi für den Stein verantwortlich. Dafür benutzten sie ein Zeichen, das ihnen von der Zunft zugeteilt wurde und sowohl ihre Bauhütte als auch sie persönlich identifizierte. Teilweise wurden die Steine sogar noch vom Meister gegengezeichnet, sodass man zwei dieser Symbole auf einem Stein finden kann: mittelalterliche Qualitätssicherung ...

Die Steinmetz-Zeichen zeigen, wie gut die Großbaustelle Kathedrale, die »Bauhütte«, organisiert war. Verantwortlich waren der Bauherr, der Werkmeister und der Leiter der Bauhütte. Der Bauherr war meist ein Geistlicher – wenig verblüffend bei einem Sakralbau, egal welcher Größe. Damit alles funktionierte, sorgte der Leiter der Bauhütte für die Finanzen, erledigte die Rechnungen und organisierte die Beschaffung des Baumaterials. Der eigentliche Traumjob war hingegen die Position des Werkmeisters: Sehen wir einmal von den Bauten ab, die einen Knick in der Achse, im Turm oder der Senkrechten aufweisen (da hat man sich einfach verrechnet), war er der Könner, vor dessen Werk wir uns noch heute verneigen. Ihm stand es zu, seine Arbeitskräfte selbst auszuwählen, vom Bildhauer und Steinmetz über den Maurer und Zimmermann bis hin zum Hilfsarbeiter, ihnen Aufgaben zuzuordnen und den ganzen Bau zu überwachen. Es war ein bedeutendes Amt, das großes Prestige besaß und oft an verdiente Steinmetze vergeben wurde.

> *»Die Maurermeister, Messstab und Handschuhe in den Händen, sagen zu den anderen: Schlage mir dieses, und sie arbeiten nicht; und dennoch erhalten sie einen größeren Lohn.«*
>
> (der Franziskanermönch Nicolaus de Byard im Jahr 1261)

Die Diskussion um angemessene Managergehälter gab es also schon damals. Allerdings verdienten auch die Gesellen nicht schlecht, was wir heute – beim Bestaunen ihrer Arbeit – nur als gerecht empfinden. Mit dem benötigten Spezialwissen und Können der Arbeiter stiegen allerdings auch die Kosten für den Bau. Und so fiel die Phase des regen Kathedralenbaus wohl nicht zufällig mit einigen Neuerungen zusammen: Mitte des 13. Jahrhunderts wurde die Bauzeichnung eingeführt, die Bauelemente wurden vereinheitlicht. Quader und Gesteinsformen konnten nun in Serie produziert, bereitgestellt und somit die Planungen besser systematisiert werden. Mit der Einführung des Baukrans mit Laufrad sparte man überdies Hilfskräfte.

Allerdings schraubte sich auch der Ehrgeiz der Baumeister nach oben. Besonders die Mittelschiffe der Kathedralen wurden höher und höher. Im Fall der Kathedrale von Amiens (erbaut 1220–1240) erreicht das Schiff stolze 42,3 Meter Höhe. Die Kathedrale von Beauvais (1255–1272) stellte schließlich mit einem Mittelschiff von über 48 Metern Höhe alles in den Schatten.

Der Turmbau zu Babel von Pieter Bruegel d. Ä. ist als Warnung vor menschlicher Selbstüberhebung zu verstehen. Zugleich dokumentiert das Gemälde die technischen Möglichkeiten der Zeit – und zeigt zwei Kräne, die mit Menschenkraft betrieben werden.

Dieses stürzte allerdings auch ein, woran zwar die Spannweite der Arkaden die Schuld trug und nicht die Höhe an sich – aber die Jagd nach Superlativen in der Höhe des Kirchenschiffes war dennoch beendet. Fortan wurde wieder in etwas bescheidenere Höhen gestrebt, die allerdings immer noch atemberaubend waren.

Neben bischöflicher Macht, urbanem Wohlstand und technischen Möglichkeiten prägten auch schlicht und einfach Moden (heute würden wir von Trends sprechen) das Erscheinungsbild einer Kathedrale. So wurde die vorherrschende Baumode des frühen Mittelalters, die sogenannte Romanik mit ihren typischen Rundbögen, nach und nach zum alten Hut, als der letzte Schrei aus Frankreich seinen Siegeszug antrat: die Gotik.

Die neuen Spitzbögen und Schnörkel, der feingliedrige Skelettbau dieses Stils, wurden dabei zunächst keineswegs von allen positiv aufgenommen. Sogar die Bezeichnung »Gotik« ist ursprünglich verächtlich gemeint – sie leitet sich von dem Volksstamm der »Goten« ab und sollte Rückständigkeit benennen. Ein Negativimage, das die gotischen Kathedralen im Laufe der Jahrhunderte allerdings loswurden – sie gelten heute als der Inbegriff mittelalterlicher Baukunst. Neben ihnen gibt es wohl nur noch eine weitere Bauform, die für uns das Mittelalter verkörpert: die Burgen.

»Ein castel heizet daz
da ein turn stat
unde mit einer mur umbefangin ist
und sich diu zwei beschirmint
under einanderen«

(aus den »Züricher Predigten« im späten 12. Jahrhundert)

Was eine Burg ist, ist zunächst leicht gesagt – nämlich schlicht ein gegen Angriffe gesicherter Wohnort. Oder umgekehrt: ein »bewohnbarer Wehrbau«, wie die denkbar knappste Definition einer Burg lautet. Über die Jahrhunderte entwickelten sich allerdings höchst unterschiedliche Formen. Am Anfang stand dabei die Motte – nicht die kleiderfressende, sondern der gleichnamige Holzturm auf einem künstlichen Hügel. Aus diesem hölzernen Turm wurde dann ein steinerner, bewohnbarer Turm, der

Bergfried. Hinzu kamen eine Mauer und ein Wohngebäude mit Halle und Schlafgemach, dem Palas.

Doch was die Wahl der Möglichkeiten anging, gab es verschiedene Mischformen: So bauten auch weiterhin einige Burgherren mit Holz oder begnügten sich mit einem Wohnturm. Wenn ein Ritter darauf verzichtete, völlig auf der Höhe der Zeit zu sein, und keine steinerne Burg mit Palas, Bergfried und Schutzmauern erbaute, so hatte das meist den gleichen Grund wie heute, wenn Familien sich entscheiden, ein Reihenhaus statt einer 26-Zimmer-Villa mit Innen- und Außenpool zu bauen: Es fehlten die Mittel. Doch egal ob bescheidener Wohnturm oder vollwertige Burg – in jedem Fall musste der »Burgbann« unbedingt beachtet werden ...

Auf seiner Burg hatte der Burgherr das Sagen. Wollte er dort lasterhaftem Treiben nachgehen – wohlan, seine Sache. Im Rahmen des sogenannten Burgfriedens konnte er auf seinem Grund und Boden sogar Recht sprechen und disziplinieren. Freund-

Modell einer einfachen mittelalterlichen Burg. Sie zeigt den charakteristischen künstlichen Hügel mit einem Holzturm.

Wen traf ein »Burgbann«?

a) den Burgherrn bei lasterhaftem Verhalten

b) die freien Bewohner des Umlands zu Baudiensten

c) feindliche Ritter, die sich der Burg nicht nähern durften

schaften mit anderen Rittern verdeutlichte der Burgherr, indem er ihre Schilde bei sich aufhängte. Seine Feinde dürften die Burg ohnehin nicht einfach so angesteuert haben – es sei denn in der Absicht, sie zu belagern und einzunehmen. Und um diesen ungebetenen Herrschaften den Einlass zu verwehren, brauchte man dann weitaus handfestere Argumente als einen Burgbann.

Tatsächlich bedeutete der Burgbann das Recht, die freie Bevölkerung zu Bau und Instandsetzung der Burg heranzuziehen. So frei klingt es nicht, wenn man per Bann einfach verpflichtet werden kann, mögen wir heute denken. Allerdings gilt es zu bedenken: Eine Fluchtburg zum eigenen Schutz zur Verfügung zu haben, war so schlecht nun auch wieder nicht. Doch allen romantischen Vorstellungen zum Trotz: Gefahrlos lebte es sich im Mittelalter auch dort nicht. Um wehrhafte Gemäuer herum bildeten sich daher oft Ansiedlungen. Die Ortsendung »-burg« im Deutschen bedeutet tatsächlich und naheliegenderweise, dass diese Stadt in einer Burg ihren Ursprung hatte. Und es gibt viele solcher Orte – weil es viele Burgen gab. Sehr viele sogar: Für den deutschsprachigen Raum gibt es Schätzungen, die von bis zu 19.000 mittelalterlichen Burgen sprechen, die in unterschiedlichen Zuständen nachweisbar sind. In Frankreich sind es sogar 40.000. Entscheidend für eine Burg war auch immer ihre Lage.

»Sî sâhen diu veste lac:/ Niden drumbe gienc ein hac/
Mit boumen starc verworren/ Die lie man nider in rehter zît./
Der wurzeln saf in grüene gît:/ Man sach ir lützel dorren./
Dar obe zwei hundert klâftern hôch/ Der vels und das gemiure,/
der sich uf gegen den lüften zôch./ vil rotschen ungehiure/
stiezen umbe und umbe dran:/ so gewaltec wart kein keiser nie,
uf den sî vorhte wollten hân.«

(aus der mittelhochdeutschen Dichtung Virginal, ursprünglich aus dem 13. Jahrhundert)

Eine beeindruckende Schilderung – vor allem wenn man Mittelhochdeutsch spricht. Falls nicht, hier eine grobe Zusammenfassung: »Die Burg lag umgeben von dicht verwachsenen Bäumen, darüber 200 Klafter hoch der Fels und die Mauern, Felsmassen schützten sie von allen Seiten – sie brauchte keinen noch so gewaltigen Kaiser zu fürchten.« 200 Klafter dürften eine dichterische Übertreibung zugunsten des Effekts gewesen sein – schließlich wären das zwischen 340 und 400 Metern, je nachdem, welcher Klafterdefinition man nun folgt, denn die waren regional unterschiedlich. Aber die Idee ist klar: Am besten baute man seine Burg an einem Ort, der ihrer Funktion zugutekam.

Höchst populär war daher die sogenannte Höhenburg, also eine Burg auf einem Berg oder einer Erhebung. Eine solche Lage machte es dem Angreifer schwer, begünstigte aber den Verteidiger. Als weithin sichtbares Bauwerk konnte so eine Burg zudem selbst für weit entfernte Reisende Wehrhaftigkeit und Reichtum demonstrieren. Ganz klar, die Höhenburg war die Ideallösung. Aber sie hatte einen schwerwiegenden Nachteil: Die Trinkwasserversorgung – entscheidend, um Belagerungen standhalten zu können und nicht aus Wassermangel aufgeben zu müssen –

war höchst aufwendig. Für eine autarke Wasserzufuhr mussten tiefe Brunnen gegraben werden. Der Brunnen in Nürnberg etwa geht fünfzig Meter tief durch den Fels, bis er auf Grundwasser stößt. Bauzeit: kathedralenverdächtige zehn Jahre. Ein mühsames Unterfangen, und nur die strategischen Vorteile einer Höhenburg wogen solche Mühen auf.

Wo allerdings keine Erhebung zu finden war, war man gezwungen, andere Voraussetzungen zu nutzen oder die natürlichen Gegebenheiten nach eigenem Ermessen so umzugestalten, dass sie besser zur Verteidigung beitrugen. Etwa durch Ausheben eines Burggrabens, den man mit Wasser füllen konnte. Das Ergebnis war dann eine Wasserburg. Es gab – nach ihrer Lage benannt – noch viele andere Burgen-Typen, etwa Hangburgen, Tiefburgen, Uferburgen und Hafenburgen, die allesamt das unmittelbare Umland zu Verteidigungszwecken zu nutzen wussten. Aber Burgen erhielten ihre Namen nicht nur nach ihrer Lage ...

Bei einer »Gegenburg« handelte es sich um eine Burg, die ...

a) zur Demonstration von Friedenswillen nur gering gesichert war.

b) zur Bekämpfung einer anderen Burg erbaut wurde.

c) illegal gebaut wurde und ohne Genehmigung weiter bestand.

Eine Gruppierung nach offiziell genehmigten und ungenehmigten Burgen könnte zwar vorgenommen werden, denn im deutschsprachigen Raum entstanden viele Burgen ohne Genehmigung des Königs, der immerhin offiziell den Bau einer Burg gestatten musste. Diese Wildbauten des Adels wurden aber geduldet, und die entstandenen Bauwerke wurden auch nicht als »Gegenburgen« verfemt. Als eine solche bezeichnete man auch nicht eine wenig gesicherte oder gar unbefestigte Wohnstätte – ein solcher Bau hätte ja auch schlicht keinen Sinn gemacht.

Tatsächlich war eine Gegenburg eine Burg, die speziell zur Bekämpfung einer anderen Burg errichtet wurde – durch den Aufbau einer eigenen Burg konnte die schwer einzunehmende Burg des Gegners mittelfristig bekämpft und in ihren Möglichkeiten beschnitten werden. Es ist also durchaus auch sinnvoll, nach der Funktion einer Burg zu fragen. Denn nur über die Funktion ist erklärlich, warum eine Burg direkt neben einer anderen erbaut wurde. Oder – ganz im Gegenteil – völlig ab vom Schuss: In diesen Fällen dürfte es sich beispielsweise um eine Grenzburg handeln, die zur Sicherung des eigenen Territoriums diente. War eine Burg hingegen dazu gedacht, Kaiser oder König nebst Gefolge zu beherbergen, sah sie logischerweise ein wenig anders aus: Die Kaiser- und Königsburgen, die sogenannten »Pfalzen«, hatten erkennbar größeren repräsentativen Wert als eine beliebige Grenzburg.

> *»Die Burg selbst, mag sie auf dem Berg oder im Tal liegen, ist nicht gebaut um schön, sondern um fest zu sein. Sie ist von Wall und Graben umgeben und innen eng, da sie durch Stallungen für Vieh und Herden versperrt wird. Daneben liegen die dunklen Kammern, angefüllt mit Pech, Schwefel und dem übrigen Zubehör der Waffen und Kriegswerkzeuge. Überall stinkt es, dazu kommen die Hunde mit ihrem Dreck, eine liebliche Angelegenheit, wie sich denken lässt, und ein feiner Duft.«*
>
> (der Humanist und politische Publizist Ulrich von Hutten im Jahr 1518)

Auch wenn die Entwicklung vom Wohnturm zum Palas-Gebäude mit Kemenate bereits eine Entwicklung hin zu mehr Komfort bedeutete: Das Leben auf der Burg bot wenig Glamour. Nur wohlhabende Adlige konnten sich Scheiben in den Fenstern leisten, der Rest hatte schlicht Fensterläden – und lebte folglich ganz buchstäblich in der dunklen Jahreszeit, wenn diese Läden zum Schutz gegen die Witterung geschlossen wurden. Das traurige Ergebnis waren quasi lichtlose Räume. Weil auch Wachs Luxus war, ging es im Winter bei den ärmeren Burgherren auch gerne mal zeitig zu Bett, nämlich bei Sonnenuntergang. Die wahre Burgromantik: In einem verrammelten Riesenraum auf einem Stuhl neben einer Glutschale sitzen und im Halbdunkel frieren. Etwas über den Komfort einer Burg berichten auch die herrschaftlichen Himmelbetten ...

Warum schliefen der Burgherr und seine Gemahlin in einem Himmelbett mit Baldachin?

a) um ihre fleischlichen Vergnügungen vor dem Himmel zu verbergen

b) zum Schutz vor Ungeziefer

c) zugunsten der Behaglichkeit in dem spärlich möblierten Raum

Tatsächlich hat der Baldachin über dem Bett nichts mit Frömmelei zu tun. Und auch aus Gemütlichkeitsgründen wurde das Bett nicht stoffumwandet – auch wenn es richtig ist, dass die meisten Burgen mit erstaunlich wenig Möbeln auskamen. Teppiche wurden oft nur für Gäste hervorgeholt und ausgebreitet. Das Schlafgemach war da noch (nicht zuletzt weil es das Aufenthalts- und Arbeitszimmer der Burgfrau war) am gemütlichsten. Die Bezeichnung des Raumes als »Kemenate« leitet sich übrigens von »Kamin« ab – und kennzeichnet diesen Raum als meist einzigen beheizten der Burg.

Es waren tatsächlich die Wanzen, die sich von der Decke fallen ließen, um an das blaue Blut zu kommen, die letztlich eine Bedachung des Bettes erforderlich machten. Kein Wunder, dass sich da was tun musste. Und es tat sich etwas: Der Burgenbauboom, der in Europa im 9. Jahrhundert eingesetzt und im 12. und 13. Jahrhundert seinen Höhepunkt erreicht hatte, ebbte ab. Seit dem 15. Jahrhundert löste das Schloss die Burg als Adelssitz ab. Vor allem zwei Faktoren spielten eine entscheidende Rolle bei diesem Kurswechsel in der Baupolitik: Pomp und Schießpulver. Das höfische Leben veränderte sich seit dem 14. Jahrhundert derartig, dass man andere Räumlichkeiten brauchte: Tanzsäle statt Turnierplätze, Gärten statt Gräben. Das repräsentative Element gewann die Oberhand über die Wehrhaftigkeit.

Und dann war da noch das Schießpulver. Was zuvor uneinnehmbar gewesen sein mochte, konnte nun sturmreif geschossen werden. Gegen diese Entwicklung mit Festungen anzubauen, befand sich außerhalb der Möglichkeiten vieler Adliger. Und so ging eine Epoche zu Ende: Aus dem Mittelalter wurde die frühe Neuzeit, aus Rittern Höflinge, aus Knappen Pagen und aus Burgen Schlösser – etwa ein Drittel der Burgen im deutschsprachigen Raum machten die Veränderung mit, wurden umgebaut und den neuen Verhältnissen angepasst.

Heute sind die Schlösser ebenso wie die Kathedralen in den Städten und die Burgen auf dem Lande willkommene Attraktionen für Touristen. Und selbst wenn einem das Gedränge zur Hauptsaison schon ganz schön auf den Wecker gehen kann: Kathedralen und Burgen waren schon im Mittelalter die Orte, in denen und um die herum das Leben tobte: so gedrängt und verschwitzt, so laut und bunt – und sicher auch manchmal genauso nervenzehrend – wie heute noch in den Souvenirshops am selben Ort.

Tipps zum Weiterlesen:

Günther Binding: Als die Kathedralen in den Himmel wuchsen. Bauen im Mittelalter, Darmstadt 2006. Reich illustrierter und schön gestalteter Band.

08

Das Fahrende Volk

Von Gauklern, Bärenführern, Vagabunden

Der Herr konnte seinen alten Esel nicht mehr brauchen und wollte ihn um die Ecke bringen. Da machte sich das arme Tier lieber auf und davon. Auf dem Weg traf es Hund, Katze und Hahn, denen es ähnlich ergangen war. Gemeinsam wurden sie die »Bremer Stadtmusikanten« – und Sinnbild für das Schicksal des Fahrenden Volks im Mittelalter. Die Märchentiere verkörpern Gesellen und Knechte, die von ihrer Herrschaft fortgejagt wurden und nun auf der Straße ihr Auskommen finden mussten, immer auf der Suche nach Sesshaftigkeit. So lautet jedenfalls heute die gängige Interpretation der alten Geschichte.

Ein Schicksal, das im Mittelalter viele teilten: Zwar lässt sich die Höhe des Anteils Nichtsesshafter in der Bevölkerung nicht einmal schätzen, aber Menschen auf Wanderschaft waren ein alltäglicher Anblick in Dörfern und Städten. Unzählige waren unterwegs, und das in den seltensten Fällen freiwillig: Hungersnöte nach Missernten, brutale Unterdrückung durch Landesfürsten oder den Ehemann (Frauen machten einen großen Anteil am Fahrenden Volk aus), Hoffnung auf eine bessere Zukunft für die Kinder oder Verwüstungen durch marodierende Soldaten trieben sie vom Hof. Manchen indes lockte wohl auch das Abenteuer.

»Wie ein steuerloses Schiff
werde ich verschlagen,
wie ein Vogel durch die Luft
hin und her getragen.«

(Klage des reisenden Dichters Archipoeta über sein Wanderleben im 12. Jahrhundert)

Sänger, Sackpfeifer, Schausteller, Rattenfänger, Bärenführer, Quacksalber, Dirnen, Bettler, Krämer, Diebe, Falschspieler, Geschichtenerzähler, Pilger oder Handwerker wie Kesselflicker oder Scherenschleifer – sie alle hatten oft keinen festen Wohnsitz und boten überall im Land ihre Dienste an. Wer sein Heim verließ, musste fortan davon leben, was die Sesshaften ihm zu zahlen bereit waren. Das Leben auf der Straße war rau und äußerst entbehrungsreich ...

Wie ernährten sich Fahrende unterwegs?

a) Sie führten oft eine kleine Tierherde mit sich, die nach und nach geschlachtet wurde.

b) Sie aßen in Imbissbuden am Straßenrand.

c) Sie hatten kalorienreiche Powerriegel aus Dörrfleisch, Fett und Beeren im Gepäck.

Tiere waren so kostbar, dass sich die meist bitterarmen Vagabunden kaum eine Herde hätten leisten können. Bei den unsicheren Verhältnissen auf der Straße wäre diese wohl auch bald dem Raub zum Opfer gefallen. Mit Fett und Beeren verknetetes Dörrfleisch dagegen ist zwar tatsächlich ein äußerst kalorienreicher Snack – allerdings versorgten sich mit dem sogenannten »Pemmikan«nicht die Wandernden des mittelalterlichen Europa, sondern die Indianer Nordamerikas, wenn sie unterwegs waren oder auch, um über den harten Winter zu kommen.

An gut frequentierten mittelalterlichen Straßen gab es hingegen Garküchen, vergleichbar mit Imbissbuden, die minderwertiges Essen am Wegesrand anboten. Bei Reisenden jeder Couleur waren diese Raststätten äußerst beliebt. Allerdings konnte man sich auf diese seltenen Glücksfälle natürlich nicht verlassen. Auf der Wanderung gab es für Arme oft nur Früchte aus dem Wald oder vom Feld gestohlenes Gemüse zu essen. Der weit gereiste Schweizer Gelehrte Thomas Platter (1499–1582) etwa berichtet in seiner Lebenserinnerung von rohen Zwiebeln mit Salz, gebratenen Eicheln und wild wachsenden sauren Äpfeln als Wegzehrung.

Liber Vagatorum
Der Betler orden

Ganze Familien waren gezwungen, bettelnd über die Lande zu ziehen. Oft wurde den Bettlern Betrug vorgeworfen – der Familienvater trägt denn auch eine Prothese, obwohl er es nicht nötig hätte.

> *»Mien nester nachgebure [Nachbar]*
> *Daz ist der hunger und der durst.«*
>
> (der fahrende Schriftsteller Johann von Nürnberg, gestorben Mitte des 14. Jahrhunderts)

Dabei wäre auf Wanderschaft die Stärkung bitter nötig gewesen: Die meisten waren zu Fuß unterwegs und legten dreißig bis vierzig Kilometer am Tag zurück. Und die Straßenverhältnisse ließen zu wünschen übrig. An regnerischen Tagen versank man so tief im Morast, dass man kaum vorwärtskam. Steine bohrten sich durch die schlechten Schuhe. Flussüberquerungen waren lebensgefährlich. Dem Wetter waren die Wanderer schutzlos ausgeliefert. Viele besaßen nur die zerschlissene Kleidung, die sie am Leib trugen – war sie vom Regen durchnässt, trocknete sie oft tagelang nicht.

»was ist von cleydung gancz an mir ... /
Es ist ein alltes nidercleyd.
Darob ein bös zurissens hembd, /
Dem zvor die lews (Läuse) nie woren frembd.«
(Klage eines Vagabunden in den »Reimpaarsprüchen«, verfasst von Hans Folz im 15. Jahrhundert)

Um die Gesundheit des Fahrenden Volks war es daher oft schlecht bestellt: Krätze, Läuse, aber auch Knochenerkrankungen waren an der Tagesordnung. In vielen überlieferten Steckbriefen, mit denen man nichtsesshafte Kriminelle suchte, wird auf lahme und krumme Gliedmaßen als besondere Kennzeichen hingewiesen.

Neben all der Unbill lief man unterwegs auch noch stets Gefahr, ausgeraubt zu werden. Viele suchten sich deshalb zum Schutz Begleiter und nahmen dafür auch große Umwege in Kauf. Andere schafften sich einen Hund an. Denn selbst die abgerissenste Kleidung konnte für einen Räuber noch von Wert sein – im Gegensatz zum Leben des Beraubten. Wer einen einsamen Wanderer erschlug, musste in der Regel nicht mit Strafverfolgung rechnen: Wo es keinen Kläger gab, gab es auch keine Verhandlung, und für Menschen, deren Namen man nicht einmal kannte, interessierte sich die Justiz nicht. Einen Landesherrn hatten die Fahrenden nicht, und sie durften vor Gericht auch nicht als Zeugen auftreten.

Nachts bemühten sich die Wanderer, in Heuschobern oder Ställen unterzukommen. Auch in Spitäler vor den Toren der Städte, etwa für Leprakranke, schlich man sich zur Übernachtung ein. Herbergen boten ebenfalls Unterkünfte – sie müssen in einem heute kaum mehr vorstellbaren verdreckten Zustand gewesen sein. In einer Billig-Unterkunft im badischen Überlingen mussten die Gäste sich laut Hausordnung vor dem Zimmer ausziehen und die Kleidung liegen lassen – damit die Betten »seuberer blieben mögen«. Kot und Unrat überall, ein bestialischer Gestank und Ungeziefer im Stroh waren aber besonders in der kalten Jahreszeit offenbar immer noch eher zu ertragen als eine Übernachtung unter freiem Himmel. Außerdem war man bei diesen sogenannten »Humpelwirten« (der Name bezieht sich wohl eher auf die Gäste als auf die Gastgeber) unter seinesgleichen – und konnte so eventuell auch den nächsten Coup verabreden. Hunger und Armut führten nämlich leicht zu Kriminalität. Ob man nun einen größeren Raub vorbereitete oder sich bloß darüber austauschte, wo das Geflügel nicht gut bewacht war – wenn man auf der Straße überleben wollte, waren hohe moralische Grundsätze eher hinderlich. Die Landstreicher galten denn auch gemeinhin als »Hahnenwürger« und Betrüger. Kein Wunder, dass die sesshafte Bevölkerung den Nichtsesshaften in der Regel nicht über den Weg traute.

»Bettler bescheißen jetzt alle Land'...
Der geht auf Krücken im Tageslicht,
Wenn er allein ist, braucht er's nicht ...
Der eine hinkt, der muß sich bücken,
Der bindet sich ein Bein auf Krücken
Oder ein Todtenbein unter's Wamms.
Wenn man recht schaute nach der Wunden,
Säh' man, wie das wär' angebunden ...«

(abfällige Verse über Bettler, die ein Leiden vortäuschen, im »Narrenschiff« von Sebastian Brant)

Auch die Kirche machte es den Fahrenden nicht leicht. Vor allem die Spielleute waren ihr ein Dorn im Auge. Kleriker schürten das Misstrauen der sesshaften Bevölkerung: Spielmänner hätten keine Chance, ins Jenseits zu kommen, denn Musik und Spiel stünden ganz nah bei Sünde und Laster. Die Äbtissin Herrad von Landsberg (ca. 1125–1195) hielt eine Gruppe Marionettenspieler für »Teufelsdiener«. Problematisch für die fahrenden Unterhaltungskünstler war, dass ihnen in manchen Regionen sogar das Abendmahl verweigert wurde. Dieses zu erhalten war aber unerlässlich für das Erlangen des Seelenheils – um das die Spielleute daher fürchten mussten.

Dabei reisten andererseits sogar Geistliche als Spielleute oder Possenreißer umher, die aus unterschiedlichsten Gründen Pfarrei und Würde verloren und der Kirche den Rücken gekehrt hatten. Bei den im Amt verbliebenen Priestern waren sie dafür nicht gerade beliebt ...

Wie wurden herumziehende Prediger beschimpft?

a) als Langhaarige

b) als Halbstarke

c) als Gammler

Die sogenannten »Lotterpfaffen« – aus dem Kloster geflohene Mönche und stellenlos gewordene Pfarrer – ließen sich unterwegs meistens die Tonsur zuwachsen. Deshalb wurden sie von den ehrbaren Klerikern als »Langhaarige« beschimpft. Als Unterhaltungskünstler, aber auch mit dem Erzählen von Heiligenlegenden, erschnorrten sie bei den Bauern Kost und Logis und waren bei Bedarf auch mit einem Segensspruch oder einer Zauberformel zur Stelle. Andere Kirchenmänner zogen dagegen in tiefer Frömmigkeit umher, schließlich waren Askese und Heimatlosigkeit eigentlich ein religiöses Ideal.

Die kirchliche Forderung nach Mildtätigkeit war es denn auch, die mittellosen Bettlern auf Wanderschaft eine Art Auskommen durch die Gaben der Sesshaften sicherte.

Andere hatten es einfacher: Die fahrenden Händler wurden in jedem Dorf mit großer Freude empfangen. Mit ihrem Laden auf Rädern klapperten sie entlegenste Flecken ab und versorgten die Menschen mit Waren, die der örtliche Schmied oder Schreiner nicht herstellen konnte. Das machte sie für die Gesellschaft des Mittelalters unverzichtbar. Im Angebot hatten die Krämer Garne und Bänder, Scheren, Nägel, Taschen, Gürtel, Kämme, aber auch Gewürze und Öle. Viele führten eine ganze Apotheke mit sich und drehten den Menschen ihre vermeintlichen Wundermittel an.

Von Tür zu Tür zogen Händler wie dieser sogenannte »Wannenkramer« von 1516, der seine Waren in einer großen Schüssel präsentierte. Für die Damen offenbar eine willkommene Gelegenheit, der prächtigen Aufmachung noch einige Accessoires hinzuzufügen.

»Thyriack, thyriaken, für spinn und für schnacken,
dill petersill, wurmsamen in gottes namen!
Heran, heran, wer da hat einen bösen zahn.

Hier ist der mann, der ihn ohn schmertzen langen kan.«

(überliefertes Marktgeschrei des Händlers und Baders Georg vom Hartz, der auf sein Heilmittel Theriak und seine zahnärztliche Kunst aufmerksam machen will)

Neben Waren gierten die Menschen auch nach Informationen, denn für die meisten war die Welt winzig: Sie endete oft bereits am nächsten Marktflecken. Vagabunden, Händler oder Spielleute aber hatten stets Neuigkeiten im Gepäck über die Abenteuer der hohen Herren, die Mode in fernen Ländern, Kriege oder Hungersnöte. Erst diese Botschaften aus der Ferne sponnen ein Netz zwischen den Menschen. Vor allem die Sänger und Musikanten brachten die Geschehnisse der Welt in Liedform. Sie mussten sich aber auf die unterschiedlichen Wünsche ihrer Gönner einstellen – und Musik für kirchliche Prozessionen, Märkte, Gasthäuser oder Adelshöfe im Repertoire haben.

»Wer sich singens nern wil / Nu in dem lant
Der muss kunden abentuer fiel / Mit sachen mancher hant,
Geistlich, werntlich, krum und slecht, /Will er werden gehoret
Fur ritter und fur knecht.«

(Hinweis auf die notwendige Vielseitigkeit von Spielleuten, 15. Jahrhundert)

Unterhaltung war Mangelware im eintönigen Alltag auf dem Land. Das Bedürfnis nach Zerstreuung konnte ein Fahrender zwar manchmal bereits damit befriedigen, dass er den Menschen sein übel verstümmeltes Bein vorzeigte, aber wer ein Instrument spielen oder singen konnte, wurde besonders gerne aufgenommen. Die Spielleute zogen oft in Gruppen umher, manchmal musizierten auch ihre Frauen. (Oft allerdings, so belegen alte Chroniken, verdingten sich die Frauen der Musiker als Dirnen.)

Die »Stars« unter den fahrenden Minnesängern und Musikanten traten an den herrschaftlichen Höfen auf, wie der Spielmann Spervogel mit Vogelspeer, der in der berühmten Manessischen Liederhandschrift (um 1300) abgebildet ist.

Wie in jedem Beruf gab es auch unter den Musikanten bessergestellte und weniger erfolgreiche: Der hochangesehene Barde, der als Minnesänger an herrschaftlichen Höfen logierte – wie der berühmte Walther von der Vogelweide, eine Art Popstar seiner Zeit –, hatte wenig gemein mit dem armen, zerlumpten Bänkelsänger, der in Dorfgasthöfen auftrat und für einen Schlafplatz im Stall dankbar war.

»Stolp, stolp, stölperlein,
da wird ein Pfeiffer begraben sein.«

(Spruch des Dichters Hans Sachs vor dem Hintergrund, dass arme tote Musiker nicht in geweihter Erde bestattet, sondern oft auf dem Feld verscharrt wurden.)

»Under der linden
an der heide,
da unser zweier bette was,
da möget ir vinden
schöne beide
gebrochen bluomen unde gras.
vor dem walde in einem tal,
tandaradei,
schöne sanc diu nachtigall.«

(erste Strophe aus »Under der linden«, dem bekanntesten Lied Walthers von der Vogelweide und gleichsam ein Tophit des Mittelalters)

Der Satz »the show must go on« galt auch schon für die Musikanten und Schausteller des Mittelalters. Hunger oder Krankheit durften sie sich nicht anmerken lassen: Von ihnen wurde erwartet, dass sie jederzeit gute Laune verbreiteten. Sie gaben sich lustige Künstlernamen wie »Conradus dictus Nimmerselich«, »Öttel Gouckeler« oder »Stößel der pfiffer (Pfeifer)« und trugen wild zusammengewürfelte Kleidung, um in der Menge aufzufallen. Oft führten sie gleichzeitig auch akrobatische Kunststücke auf ...

Seit wann reisen Schausteller mit dem Zirkus?

a) seit der Antike

b) seit dem Mittelalter

c) seit dem 18. Jahrhundert

Aus der Antike hat der Zirkus zumindest seinen Namen: Im römischen Circus fanden Großereignisse wie Gladiatorenkämpfe oder bombastische Theateraufführungen statt. Doch außer dem Namen hat der Zirkus, wie wir ihn kennen, nur noch das Rund der Manege mit den Arenen der antiken Prachtbauten gemein. Eine Gruppe von Schaustellern hingegen, die als Zirkus mit Zelt über die Lande reist, kannte man erst ab dem 18. Jahrhundert. In England ritten damals Artisten auf Pferden im Kreis und führten Kunststücke auf. Die ersten dressierten Löwen verblüfften im 19. Jahrhundert ein französisches Publikum in der Arena. Im Lauf der Jahrzehnte gesellten sich zu den dressierten Tieren immer mehr Menschen: Pantomimen, Sänger – aber auch siamesische Zwillinge oder andere Zeitgenossen, die ungewöhnliche körperliche Merkmale zur Schau stellten.

Auch Artisten sorgten mit waghalsigen Kunststücken für Menschenaufläufe. Diesem hier gelingt ein Handstand auf den Spitzen zweier Schwerter (London 1350).

Zwar gab es all das auch

schon im Mittelalter, allerdings ohne Zirkuszelt und Manege. Narren, Artisten oder Sänger zogen stattdessen einzeln oder in kleinen Grüppchen von Fürstenhof zu Fürstenhof, andere klapperten die Märkte ab, die häufig im Anschluss an kirchliche Messen zu besonderen Feiertagen gehalten wurden (daher übrigens der Name »Messe« für die großen Handelsmärkte). Das Treiben lockte zahlreiche Menschen aus der Ferne an. Zur großen Leipziger Messe reisten Artisten sogar aus Frankreich und Italien an. Kein Wunder, schließlich floss auf diesen »Jahrmärkten« ungewöhnlich viel Bares.

Menschen, Tiere, Sensationen! Bärenführer wie dieser aus dem 13. Jahrhundert, die die gefährlichen Tiere an der Leine hatten, faszinierten jeden Jahrmarktbesucher.

Bärenführer ließen ihre Tiere Kunststücke aufführen, auch exotische Tiere wurden bisweilen präsentiert: auf der Frankfurter Messe 1443 etwa ein Elefant, wenige Jahre später ein Strauß. Welche Tiere es waren, die Schausteller aus Litauen in Leipzig als Drachen vorstellten, lässt sich heute leider nicht mehr in Erfahrung bringen. Auch Narren und Gaukler, die Urahnen der

Zirkusclowns, traten bei solchen Gelegenheiten auf – damals Ioculator genannt (vom lateinischen »iocus«: Scherz). Über die Jahrhunderte wurde daraus das deutsche Wort Jongleur.

»Dieser wirft in die Luft in gewaltigem Kreise das Becken, /
Fängt es im Fallen auf, schleudert es wieder zurück.«

(aus dem Heldenepos Lippiflorium des Magisters Justinus, um 1260)

Mit großen Augen standen die Marktbesucher da, wenn der italienische Akrobat Angelo Tucaro (1538–1616) auftrat: Laut Überlieferung zeigte er den ersten Salto mortale. Sogenannte »Seilriesen« balancierten spektakulär mithilfe eines Taus die Wände hoher Türme herab. Andere spannten Seile zum Kirchturm und balancierten hinauf.

»[...] ein seltzamer gauckler oder ein tumeler ... der auf einem seil gingk mit gewicht und ohne gewicht auf eyern, auf pallen, auf kricken, stelczen und schermessern. Er sprang und treibt viel seltzames dinges auf dem seil.«

(Bericht eines Schaulustigen 1512 in Danzig – das Seil war zwischen Rathausturm und Marktbrunnen gespannt worden)

Spielleute und Gaukler übten oft auch noch andere Berufe aus, denn als Fahrender musste man möglichst anbieten können, wonach gerade Bedarf bestand. Nicht zuletzt handfeste Dienstleistungen waren gefragt – zum Beispiel das Kesselflicken oder Schornsteinfegen. Dafür gab es oft keinen niedergelassenen Handwerker, schließlich mussten solche Arbeiten nicht ständig ausgeführt werden. Trotzdem waren sie enorm wichtig, denn mit einem schlecht ziehenden Ofen beispielsweise konnte man nicht gut kochen und heizen. Außerdem führte ein verstopfter Kamin hin und wieder zu gefürchteten Abgasvergiftungen.

Ein weiterer häufiger Nebenberuf für Fahrende war der des Rattenfängers, schließlich konnte man dieser Tätigkeit überall ohne großen Aufwand nachgehen. Weltbekanntes Beispiel ist die Sagenfigur des Rattenfängers von Hameln – der gleichzeitig auch ein Flötenspieler war und in bunter Kleidung vor den Menschen auftrat ...

Wie gingen Rattenfänger im Mittelalter an die Arbeit?

a) Sie lockten das Ungeziefer mit einer Flöte.

b) Sie setzten Rattengift ein.

c) Sie jagten die Nager zum Ertrinken in ein Gewässer.

Fahrende Rattenfänger waren in den engen und schmutzigen Städten und Dörfern des Mittelalters ziemlich gefragt: Mensch und Tier lebten unter einem Dach, Brunnen lagen oft neben den Kloaken, Abfälle wurden aus dem Fenster gekippt. Für Ratten war der Tisch also immer reich gedeckt. Mit Musizieren gelang es aber wohl nur dem Rattenfänger von Hameln im Märchen, die Nager aus der Stadt zu führen, denn auf diesen Trick fallen die klugen Tiere nicht herein. Und noch etwas kann an der berühmten Sage nicht stimmen: Angeblich lockte der Rattenfänger die Tiere in die Weser, wo sie ertranken. Dabei sind Ratten hervorragende Schwimmer – auf eine solche Methode konnten sich professionelle Schädlingsbekämpfer also kaum verlassen. Es wäre auch unklug gewesen, da sie für abgelieferte Tiere pro Stück entlohnt wurden, wie es etwa aus einem Zollhaus im niederrheinischen Lobith überliefert ist: Der Jäger erlegte zum Schutz des Getreidelagers 360 Mäuse und 164 Ratten, erfahren wir aus einer spätmittelalterlichen Rechnung. Tatsächlich wur-

Er versetzt schon seit Jahrhunderten Kinder in Angst und Schrecken: die mittelalterliche Sagengestalt des Rattenfängers von Hameln, ein Angehöriger des Fahrenden Volkes – hier in einer Kinderbuchillustration aus dem 19. Jahrhundert.

den Ratten mit Fallen oder eben mit Gift gejagt – mit dem man sich im Mittelalter bestens auskannte (es war übrigens auch eines der meistverbreiteten Mittel, um unliebsame Zeitgenossen aus dem Weg zu räumen).

Zwar können die Methoden des Hamelner Rattenfängers nicht funktioniert haben, die Geschichte des Mannes, der 130 Kinder aus der Stadt lockte, weil er für seine Arbeit keinen Lohn erhielt, hat wahrscheinlich trotzdem einen historischen Hintergrund. Es gibt Hinweise darauf, dass Ende des 13. Jahrhunderts Bürger aus Hameln als Siedler im Osten angeworben wurden. Denn während in Westeuropa die Bevölkerungsdichte im 12. und 13. Jahrhundert teilweise so hoch war, dass die Menschen kaum noch mit Nahrung aus der Landwirtschaft versorgt werden konnten, herrschte in vielen Gegenden Osteuropas Arbeitskräftemangel. Sogenannte Lokatoren zogen durch die Städte und Dörfer, professionelle Werber, die im Auftrag von Grundherren die Ansiedlung organisierten. Die Sage vom Rattenfänger geht möglicherweise auf solch einen Siedlungszug gen Osten zurück.

> *»Alsbald kamen diesmal nicht Ratten und Mäuse, sondern Kinder, Knaben und Mägdlein vom vierten Jahre an in großer Anzahl gelaufen. Diese führte er, immer spielend, zum Ostertore hinaus in einen Berg, wo er mit ihnen verschwand ... Einige sagten, die Kinder seien in eine Höhle geführt worden und in Siebenbürgen wieder herausgekommen. Es waren ganze 130 Kinder verloren.«*
>
> (aus dem »Rattenfänger von Hameln« nach den Brüdern Grimm)

Manche Forscher glauben, dass zu der Zeit, in der die Sage ihren Ursprung hat, eine große Gruppe junger Hamelner in Brandenburg angesiedelt wurde, wo einige Ortsnamen an Dörfer nahe Hameln erinnern. Der »Rattenfänger« war möglicherweise ein Mann, der die Menschen angeworben und damit für den Wegzug einer ganzen Generation gesorgt hatte. Wie so viele im Mittelalter hatten sie von einem besseren Leben geträumt und sich auf den Weg gemacht: in eine neue Heimat – oder ins Ungewisse.

Tipps zum Weiterlesen:

Hartwig Büsemeyer: Das Königreich der Spielleute, Reichelsheim 2003. Ein detailreicher Einblick in das Leben der Spielmänner im Elsass zwischen Mittelalter und französischer Revolution.

Roswitha von dem Borne: Der Clown. Geschichte einer Gestalt, Stuttgart 2006. Eine Geschichte des Narren vom Altertum bis heute.

09

Beten, lesen, arbeiten

Das Leben im Kloster

Mächtig erheben sich die Mauern des riesigen Klosters, in dem sich mysteriöse Todesfälle zutragen. Was geschah bei den Benediktinern an den einsam gelegenen Hängen des Apennin? Der reisende Gelehrte und englische Franziskanermönch William wird gemeinsam mit seinem jungen Novizen Licht in das unheimliche Dunkel bringen – in Umberto Ecos Welterfolg »Der Name der Rose«. Millionen Leser haben in dem Roman erfahren, welchen geheimen Leidenschaften die Mönche einst nachgingen. Es mag nicht überraschen, dass es in der mittelalterlichen Wirklichkeit meist sehr viel profaner und weniger furchterregend zuging als in der literarischen Ausschmückung ...

> *»Sie stehen einmütig auf zum Gebet, sie nehmen gemeinsam in einem Raum die Mahlzeiten ein, und Tag und Nacht beschäftigen sie sich mit Beten, Lesen und Arbeiten mit so unermüdlichem Fleiß, dass sie es für einen Verstoß gegen göttliches Gebot halten, außer der kurzen Zeit, in der sie den müden Gliedern Ruhe auf kargem Reisiglager oder grober Decke gönnen, auch nur einen winzigen Teil der Stunden ohne Beschäftigung mit dem Göttlichen verstreichen zu lassen, sodass sie sogar bei den Mahlzeiten beständig der Heiligen Schrift lauschen und lieber den Geist als den Leib sättigen wollen.«*
>
> (Bischof Otto von Freising im Jahr 1146)

Dennoch: In ein Kloster zu gehen, bedeutete, sich von der Welt zu verabschieden und sich den dort herrschenden Regeln zu unterwerfen - schließlich stammt »Kloster« von dem lateinischen Wort »claustrum«, das einen geschlossenen Raum beschreibt. Ein Neuling musste da ziemlich schnell lernen, den Geboten von Sext, Terz und Vesper zu gehorchen ...

Was bedeuteten Terz, Sext, Non, Vesper im Klosteralltag?

a) musikalische Schlüssel für einen Chorgesang

b) Zeiten für das gemeinsame Gebet im Chor der Klosterkirche

c) Abzählreim vor dem Mittagessen für Novizen

Musik spielte zweifellos eine wichtige Rolle im Kloster. Schon die Novizen lernten reihenweise Psalmgesänge auswendig. Dur oder Moll waren zwar zunächst noch unbekannt, aber musikalische Schlüssel waren Prim, Terz oder Vesper ebenso wenig wie ein Abzählreim vor dem Mittagessen. Tatsächlich handelte es sich um Gebetsstunden. Zu den wichtigsten Aufgaben der klösterlichen Gemeinschaft gehörte das Opus Dei, das Gotteslob, dies strukturierte den Tag, die Woche und das Jahr. Zur Morgendämmerung erscholl das Laudes, gefolgt vom Gebet zur dritten Stunde, der Terz. Es folgten Sext, Non, Vesper und Komplet sowie mitten in der Nacht die Vigilien. So sang man sich in einer Woche durch die 150 Psalmen des Psalters. Kein Wunder, dass der ein oder andere bei diesen zuweilen »unchristlichen« Zeiten nicht immer ganz auf der Höhe war ...

Im Mittelpunkt des Klosterlebens stand immer und zuvorderst die Heilige Messe. Eine solche Feier mit Chorsängern zeigt diese englische Buchmalerei aus dem frühen 15. Jahrhundert.

»Als bei einer feierlichen Gelegenheit der Abt Gevardus ... im Kapitel Worte der Ermahnung an uns richtete und dabei bemerkte, wie viele – besonders von den Konversen – schliefen, einige sogar schnarchten, rief er: »Hört, Brüder, hört, ich will euch eine neue und große Sache vortragen. Es war einst ein König, der Artus hieß.« Nach diesen Worten fuhr er nicht fort, sondern sprach: »Seht, Brüder, das große Elend! Wenn ich über Gott spreche, schlaft ihr; sobald ich aber nichtigere Dinge einflechte, erwacht ihr und beginnt mit aufmerksamen Ohren zu lauschen.«

(aus der Mönchsregel des Benedikt von Nursia im 6. Jahrhundert)

Die bekannteste und einflussreichste Mönchsregel war zweifellos die sogenannte »Regula Benedicti« des Benedikt von Nursia aus dem sechsten Jahrhundert. In ihr wurde das Zusammenleben innerhalb und außerhalb des Klosters bis ins Detail geregelt. Jeder Benediktiner wusste, dass alle Mönche in Christus eins sein sollen, im Kloster also niemand wegen seines Standes bevorzugt behandelt werden sollte. So weit, so gut. Aber es waren auch höchst weltliche Dinge zu regeln: In einem Kapitel wurde zum Beispiel festgeschrieben, dass der Koch des Klosters nicht betrunken sein durfte, weshalb er ohne Sondergenehmigung höchstens einen Viertelliter Wein pro Tag erhalten sollte.

Zwar war Benedikt von Nursia nicht der erste, der Mönchsregeln entworfen hatte, Basileus, Bischof in Kappadokien, und Cäsarius, Bischof von Arles, Columban der Jüngere und ein Unbekannter hatten sich schon damit befasst. Benedikts Regeln aber waren gemäßigt – und bei Bedarf konnte interpretiert, nachjustiert und angepasst werden: Das bescherte Benedikts Regeln schließlich den Siegeszug durch die abendländischen Klöster. Gab sein Kompendium keine Auskunft zu einem aktuellen Problem, reichte man drängende Fragen des Alltagslebens eben bei den Vorgesetzten ein, die sich auf regelmäßigen Versammlungen, den Synoden, auch mit der Klosterorganisation befassten.

> *»Kein Geizhals soll in einem Kloster zum Kellermeister bestellt werden«*
>
> (Beschluss der Synode von Frankfurt im Jahr 794)

Geistig und weltlich geführt wurde die Schar der Mönche und Nonnen von einem Abt oder einer Äbtissin. In der Mönchsgemeinschaft waren sie Obrigkeit, Aufsicht und Fürsorgeinstitution in einem – besonders was die Verpflegung anging. Stellvertreter des Abtes war der Prior, und an dritter Stelle der klösterlichen Hierarchie stand der Dekan, der sich eigentlich um die liturgischen Abläufe kümmerte. Kämmerer hielten Keller und Vorratskammern gefüllt, nahmen Einkünfte entgegen und überprüften sie. Am Eingang wachte der Pförtner und übergab die Ankömmlinge der Obhut seiner Mitbrüder. Für die blieb auch noch genug zu tun: Sie kümmerten sich um die Versorgung von Kranken, Pilgern und Gästen oder um die Organisation der klostereigenen Werkstätten.

Der berühmte Klosterplan von St. Gallen verzeichnet etwa Werkstätten für Schuster, Sattler, Schwertfeger, Schildermacher, Drechsler, Gerber, Goldschmiede, Eisenschmiede, Walker, eine Brauerei für Mönche und – ganz wichtig für die Herstellung der kostbaren Oblaten – eine Bäckerei nebst Mühle. Es gab ein Haus für Pilger und für vornehme Gäste, ein Armenhaus, das Aderlass-Haus, ein Hospital mit Kreuzgang, Schulgebäude, Schreibstube, einen Hühnerstall nebst Haus für den Hühner- und Gänsewärter, einen Pferde- und Ochsenstall und einen Stall für trächtige Stuten. Der einzige beheizbare Raum des Klosters, der Wärmeraum, lag ebenso wie die Latrinen gut erreichbar zwischen Schlafsaal und Speisesaal.

Ab dem 12. Jahrhundert traten Mönche meist nur noch indirekt als Landwirte auf, sie verpachteten immer häufiger ihren

Boden. Dennoch blieben Klöster und ihre Verwalter Agrarprofis: Sie entwässerten Moore, veredelten Weine, okulierten Obstbäume, legten Kräuterbeete an und entwickelten einträgliche Fruchtfolgen. Keine Frage, die weltlichen Aufgaben eines Klosters beschränkten sich nicht auf das Führen einer Haushaltskasse. Klöster waren teilweise hochkomplexe Wirtschaftssysteme mit eingebauten Fürsorgeeinrichtungen – und einer Kirche im Zentrum. Gleichsam das Mittelalter in Miniaturform. Aber nicht alle Einnahmen des Hauses stammten aus der Landwirtschaft ...

Welche Tätigkeit sicherte Klöstern im Mittelalter zusätzliche Einnahmen?

a) der Verkauf von Ansichtskarten für Pilger

b) ein Honorar für Auftragsgebete

c) die Vermietung von Klosterzellen an Gäste

Das Postkartenwesen bereichert Klöster erst seit der Neuzeit, im Mittelalter waren Ansichtskarten unbekannt. Gäste zu beherbergen gehörte zur Christenpflicht und war selbstverständlich umsonst; eine Miete im eigentlichen Sinn wurde nicht verlangt, auch wenn es Dauerwohngäste gab und man vom Gast gerne Geschenke oder Spenden als Gegenleistung annahm. Tatsächlich bestand eine nicht zu unterschätzende Einnahmequelle für Klöster darin, im Gegenzug für eine freundliche Gabe spirituelle Dienste für den Spender zu leisten. Zu diesen gehörten etwa die Lesung von Messen, die Verteilung von Almosen an Arme im Namen des Spenders oder Gebete für den Auftraggeber.

Diese Praxis führte so weit, dass etwa das Kloster Cluny in Burgund in der zweiten Hälfte des 11. Jahrhunderts eigens Priester abstellte, die von morgens bis abends an zahlreichen Altären Messen für diejenigen lasen, die ihnen dafür eine Schenkung überlassen hatten. In einigen Urkunden kann man noch heute nachlesen, welche Gebetsverpflichtung mit welcher Gabe »honoriert« wurde. Wirtschaftlich nutzbare Schenkungen waren in diesem Fall allerdings auch nötig: Wer so viel betete, konnte selbstverständlich nicht arbeiten. Und wer arbeitete, war dankbar für ein bisschen erkauftes Seelenheil.

Beim Abfüllen des streng verschlossenen Tafelweins genehmigt sich der Kellermeister auch ein Schlückchen, wie diese Miniatur aus dem 13. Jahrhundert zeigt.

Äbte und Äbtissinnen, Mönche und Nonnen gehörten allerdings auch aus kulturellen Gründen zur gesellschaftlichen Elite – sie waren Literati, Lese- und Schreibkundige. Nicht nur, weil die »Regula Benedikti« jeden Mönch bis zu einem Alter von fünfzig Jahren dazu verpflichtete, lesen und schreiben zu lernen. Bücher gehörten zur geistigen Arbeit, und ein Kloster war stolz auf seine Bibliothek. Mit heutigen Einrichtungen sind sie zwar nicht zu vergleichen, schließlich verfügten sie kaum über einige Hundert, wenige auch über einige Tausend Bücher. Aber angesichts der damaligen »Auflagen« war das enorm viel. Und die Klöster wollten noch mehr – und so bettelte man Nachbarklöster und Kollegen permanent um Nachschub an:

»Und so, mein Geliebter, erbitte ich von dir aus der berühmten Bibliothek deiner Kirche einiges, was wir nicht besitzen, entweder zur Abschrift oder von dir geschrieben, sodass unserem Mangel aus eurem Überfluss abgeholfen werden kann und dadurch die Erinnerung an deine Liebe in uns wachsen möge. Wegen des Werks des Josephus über die Zerstörung Jerusalems und den berühmten römischen Triumph des Vespasian und des Titus bitte ich um gründliche Nachforschung, ob eure Bibliothek es besitzt, und, bei deiner Hilfsbereitschaft, keine Zeit zu verlieren, es uns zum Abschreiben zu schicken.«

(Abt Gottfried von Admont um 1150 in einem Brief an einen an ein anderes Kloster versetzten Mönch)

Für uns und unser Wissen um antike Autoren war dieser Kopiereifer entscheidend, denn durch Brand oder Plünderung wurde manch ein seltenes Exemplar vernichtet. Schon im frühen Mittelalter hatte das Pergament Papyrus als Beschriftungsmedium abgelöst. Doch auch das neue Material war wertvoll: Für die Herstellung eines einzigen großen Codex wie der Bibel waren ungefähr 400 Schafs- oder Ziegenhäute nötig. Für ein mittelalterliches Buch musste also eine ganze Herde ihre Haut hergeben.

Um den Nachschub mit dem Rohstoff zu sichern – eine große Bibliothek bedeutete Macht und Ansehen –, verließ man sich in den Klöstern nicht nur auf Spenden oder Abgaben von abhängigen Bauern. Häufig betrieb man selbst intensiv Schafs- und Ziegenhaltung, und auch die Verarbeitung des Rohmaterials erfolgte anfänglich überwiegend in den klostereigenen Werkstätten. Für die Produktion eines Buchs benötigte man schon vor dem Schreiben einige Kunstfertigkeit: Die Tierhaut musste möglichst ohne fehlerhafte Stellen oder gar Löcher abgezogen, vom Fleisch befreit, enthaart, geglättet, eingeweicht und schließlich einem Mönch oder einer Nonne zum Zuschneiden übergeben werden.

Nicht nur für damalige Zeiten waren die Klosteranlagen riesig. Dieser Plan des ehemaligen Kartäuserklosters im niederösterreichischen Gaming gibt einen Eindruck von den Gebäuden samt Nebenanlagen.

So ein aufwendiger Herstellungsprozess machte Pergament kostbar. Und weil der Buchbedarf im Laufe des Mittelalters kontinuierlich anstieg, kratzte man häufig kurzerhand die Abschriften (vermeintlich völlig unwichtiger) antiker Autoren herunter und nutzte das Pergament für liturgische Texte – Recycling im Mittelalter! Mit modernen Mitteln kann man aber Spuren der alten Texte unter der neuen Schicht erkennen – auch Dank der damals verwendeten Tinte ...

Woraus wurde eine der beliebtesten dunklen Tinten hergestellt?

a) Dung, Honig und Essig

b) Dornenrinde, Wein und Wasser

c) Asche, Wurzelsaft und Bier

Zweifellos bewiesen die Mönche einigen Erfindungsreichtum bei der Mixtur ihrer Schreibtinten, und so sind viele Rezepte überliefert. Während man mit Dung, Honig und Essig nicht weit gekommen wäre, ist Asche und Wurzelsaft durchaus verwendet worden, wenn auch in anderer Zusammensetzung. Eine der beliebtesten dunklen Tinten bestand indes hauptsächlich aus den Dornenzweigen der Schlehe, deren Rinde getrocknet, verrieben und wiederholt ausgekocht wurde. Zum Schreiben verdünnte man den so gewonnenen und eingekochten Sud mit Wein und Wasser.

Die eigentliche Kunst der Mönche bestand im (Ab-)Schreiben. Einige stellten nicht nur verschiedene antike und kirchliche Autoren neu zusammen, sondern brachten in diesen Texten auch noch ihre eigene Meinung unter. Die meisten Schreiber waren jedoch weniger Autoren als Kopisten. Sie saßen in langen Reihen in einem Saal mit vielen Pulten, dem sogenannten Skriptorium.

Ein guter Kopist musste nicht einmal selbst Latein lesen können, es reichte ein gutes Auge für graphische Zeichen.

Für Kreative blieb die geschmackvolle Ausgestaltung der ersten Buchstaben eines Kapitels, der Initialen. Dafür verwendete man leuchtende Farben, die schwer zu beschaffen und in der Herstellung teilweise unglaublich teuer waren. Helles Grün presste man aus Galläpfeln, die sich unter Eichenblättern bilden, Purpurrot aus der Drüse der Purpurschnecke – die es allerdings nur im Mittelmeerraum gab – und Blau aus gestoßenem Lapislazuli. Natürlich wurde dieses Spezialwissen über die einzelnen Arbeitsschritte im 12. Jahrhundert von Theophilus gewissenhaft aufgeschrieben. Auch der Buchrand bot einigen Platz, die Aussagen der Texte in fromme Bilder zu fassen (viele Randbemalungen hatten allerdings zum Leidwesen der Kunsthistoriker, die sich Jahrhunderte später grübelnd über die Zeichnungen beugten, nichts mit dem Text zu tun). Dann nähte man das Werk zusammen und presste es zwischen mit Leder bespannte Holzdeckel – die haltbarsten Überlieferungen, die wir bis heute haben.

Klosterbruder oder Nonne konnte jeder werden, der bereit war, sich den Regeln der Gemeinschaft zu unterwerfen. Dazu gehörte natürlich das Gelübde, das nach einer gewissen Aufnahmezeit in Form einer Urkunde unterzeichnet und beim Klostervorsteher aufbewahrt wurde. Überwiegend schickte man junge Knaben ins Kloster, darunter nicht selten Adelssprösslinge, die keine Aussicht auf ein weltliches Amt hatten. Im Kloster winkte ihnen immerhin eine Karriere als Abt, und nicht selten wurden Mönche Berater von Königen und verwalteten mit ihren Klöstern große Wirtschaftsgüter. Aber auch am Ende eines Lebens zogen sich verdiente weltliche Herren und Kämpfer gerne in die Ruhe – und die Gottesnähe – eines Klosters zurück. Weil man mit dem Eintritt in ein Kloster auf persönlichen Besitz verzichtete – den das Kloster gerne entgegennahm –, kam es vor, dass betuchtere Anwärter eher Aufnahme fanden. Im Gegenzug erhielt man eine Art Willkommensgeschenk ...

Was erhielt man nicht als Neuling in einem Kloster?

a) einen neuen Namen

b) zwei Unterkleider für die Nacht

c) drei Gesangbücher

Gesangbücher gehörten nicht zu den Antrittsgeschenken. Wohl aber ein neuer, christlicher Name, der fortan als Anrede benutzt wurde, und neue Kleider. Die Kleidung, die der Neuling bei seiner Ankunft im Kloster getragen hatte, wurde aufbewahrt – falls er eines Tages den Einflüsterungen des Teufels folgen sollte und

Lesen und Schreiben – was in dieser Miniatur aus dem 14. Jahrhundert mit vier Dominikanermönchen nur zu erahnen ist, sind die Rückenschmerzen, die auch schon damals damit verbunden waren.

das Kloster wieder verlassen wollte – und gegen einheitliche Klostertracht ersetzt. Diese Kleidung bestand aus einer Tunika, einem Unterkleid, der Kukulle, einem weiteren Obergewand mit einer Kapuze, und bei Bedarf einer Schürze oder Kittel, dem Skapulier. Das Material richtete sich nach der Jahreszeit oder den klimatischen Bedingungen. Leinenstoff im Sommer, Wolle im Winter. Nonnen erhielten noch ein Gebinde, das das Gesicht umrahmte. Und für die Nacht erhielt jeder Mönch zwei Tuniken, die gewechselt und bei Bedarf gewaschen werden konnten. Nicht immer half das gegen die Kälte ...

> *»Die Knaben sitzen im Kapitelsaal und lernen unter Anleitung eines Vorspielers den Gesang. Wenn aber der Winter besonders streng ist, dann gibt es einen Wirtschaftsraum, in dem eine große Feuerstelle von jenen Brüdern vorbereitet wird, die in der vorhergehenden Woche Küchendienst hatten; dorthin eilen dann alle freiwillig, die Älteren wie die Jüngeren, aber mit größter Ernsthaftigkeit, wie es dieser Stunde angemessen ist.«*
>
> (der Benediktinermönch Ulrich von Zell, 1029–1093, über das Leben im Kloster von Cluny, nach 1079)

Für eine Reise wurden Mönche zusätzlich ausgestattet, repräsentierten sie doch ihr Heimatkloster. Begegnete man einem Mönch auf der Straße, wussten die Zeitgenossen sofort, wie er einzuordnen war: Man sah es an seiner Kleidung; die verschiedenen Orden besaßen eine Art Uniform, anhand derer man den Reisenden eindeutig zuordnen konnte: Ihnen begegnete ein Mann in schwarz-weißer Mönchskleidung? Eindeutig ein Dominikaner. Braune Kutte mit einem Seil und drei Knoten? Ein Franziskaner. Kleider machen eben Leute.

Die Franziskaner gehörten übrigens seit 1209/10 zu den päpstlich anerkannten sogenannten Bettelorden. Sie verzichteten völlig auf irdischen Besitz, verpflichteten sich zu einem Leben in

Armut und lebten von Almosen. Bettelmönche mussten auf die Barmherzigkeit ihrer Umgebung vertrauen und verließen die Abgeschlossenheit des Klosters, um sich ihren täglichen Lebensunterhalt zusammenzubetteln. Die Entscheidung für ein solches Leben stieß aber nicht überall auf Gegenliebe – es finden sich auch Beschreibungen, die das Auftreten der Bettelmönche durchaus kritisch kommentierten.

> *»Bei seinem Anblick fingen alle, die ihn kannten, an, indem sie das Einst und Jetzt verglichen, ihm harte Vorwürfe zu machen. Sie hießen ihn einen Verrückten und Wahnsinnigen und bewarfen ihn mit Straßenkot und Steinen. Sie sahen, wie sein früheres Benehmen sich verändert hatte, wie er durch Kasteiung des Fleisches ganz abgezehrt war, und schrieben deshalb sein ganzes Treiben der Erschöpfung und dem Wahnsinn zu.«*
>
> (der Franziskanermönch und Historiker Thomas von Celan im 13. Jahrhundert über das Leben von Franz von Assisi)

Wer sich nicht hinter Klostermauern begeben wollte, wem die Bettelorden zu karg waren, wer das Abenteuer suchte, aber dennoch Gott dienen wollte – der konnte sich auch einem der christlichen Ritterorden anschließen. Die Helfer einer von italienischen Kaufleuten in Jerusalem gegründeten medizinischen Anlaufstelle für Pilger etwa erreichten im Jahr 1113 ihre Anerkennung als Orden der Johanniter. Sie gaben sich eine Regel, die Mönchtum und Ritterleben miteinander verband, und übernahmen sowohl als Bewaffnete den Schutz der Pilgerstraßen als auch die medizinische Versorgung von Kranken und Verwundeten. Die Johanniter mussten allerdings 1291 Akko, die Hafenstadt der Kreuzfahrer, verlassen und residierten für knapp zwanzig Jahre auf Zypern. 1310 heuerten sie eine Piratenflotte an und eroberten die byzantinische Insel Rhodos. Dort unterhielten sie mehr als 200 Jahre ein Hospiz, vor allem aber eine schlagkräftige

Flotte und Festungen, bis sie 1521 den Truppen von Sultan Suleiman dem Prächtigen unterlagen. Die Ordensbrüder durften aber in Ehren abziehen und sogar ihren Ordensschatz mitnehmen ...

Was gehörte zum Schatz der Johanniter, den sie bei der Vertreibung durch die Osmanen retten konnten?

a) die Schuldscheine König Salomons

b) der sogenannte »Heilige Gral«

c) die Hand Johannes des Täufers

Einem anderen christlichen Ritterorden, den Templern, konnte man zwar durchaus sein Geld anvertrauen, das man sich dann zu einer späteren Zeit oder in einer anderen »Filiale« der Templer gegen Vorlage der entsprechenden Bescheinigung wieder auszahlen lassen konnte. Schuldscheine König Salomons sind aber ebenso wenig unter den Schätzen der Johanniter gewesen wie der sogenannte Heilige Gral, der einem Objekt des Aberglaubens vermutlich näher ist als einem wirklichen Gefäß. Aber warum immer so genau sein? Die Johanniter glaubten jedenfalls bei ihrem Abzug fest daran, die Reliquie eines

Barfuß, mit Bettelstab, Rosenkranz und einfacher Kutte ist dieser Kapuzinermönch auf einem Holzschnitt von Lucas Cranach d. Ä. (1526) unterwegs.

echten Heiligen mitzunehmen – die Hand Johannes des Täufers.

Kaiser Karl V. schickte die heimatlosen Rittermönche auf eine karge Inselgruppe, auf deren größter sie sich eine gigantische Festung aufbauten: Aus Johannitern wurden Malteser. Nicht nur die Hauptstadt der Insel erinnert mit ihrem Namen noch heute an den Großmeister des Ordens, Parisot de la Valette, der angeblich 1565 in einer legendären Schlacht mit 5.500 Ordensbrüdern eine Übermacht von 30.000 türkischen Belagerern abwehrte. Auch der ursprüngliche Gedanke dieser beiden Orden als Dienstleister für Kranke hat sich bis heute erhalten. Und so tun Nachfolger mittelalterlicher Orden noch heute ihren Dienst.

Tipps zum Weiterlesen:

Gudrun Gleba: Klöster und Orden im Mittelalter, Darmstadt 2004. Kundige und übersichtliche Abhandlung über die verschiedenen Aspekte des Klosterlebens.

Sabine Buttinger: Hinter Klostermauern. Alltag im mittelalterlichen Kloster, Darmstadt 2007. Spannend und verständlich geschrieben.

10

Der Schwarze Tod

Wie die Pest Europa veränderte

Auf dem Gemälde »Die Pest« von Arnold Böcklin (1898) reitet der Sensenmann auf einem Monster durch die Straßen und löscht alles Leben aus. Kurz bevor das Bild entstand, hatte die Seuche wieder weltweit gewütet.

Über die große Seuche zu lesen, die Europa im 14. Jahrhundert heimgesucht hat, ist selbstverständlich kein Vergnügen – doch Verblüffendes und Interessantes gibt es über diesen Super-GAU des Mittelalters dennoch zu erzählen, denn die dramatischen Auswirkungen der Pest haben die mittelalterliche Gesellschaft komplett verändert. Noch aus heutiger Sicht gilt die erste Pestepidemie im 14. Jahrhundert als die verheerendste Seuche der Menschheitsgeschichte. Und sie ist in unserem kollektiven Bewusstsein noch immer fest verankert – das schlägt sich nicht zuletzt im alltäglichen Sprachgebrauch nieder: Autos »verpesten« die Luft, und einem ungeliebten Zeitgenossen wünscht man möglicherweise »die Pest an den Hals«.

Das Wort »Pest« verwenden wir noch immer als Synonym für ein besonders großes Übel – und das, obwohl die Krankheit heutzutage mit Antibiotika erfolgreich zu behandeln ist und ihre Bedrohlichkeit weitgehend verloren hat. Nur vereinzelt bricht sie in manchen Ländern, zum Beispiel in Indien oder Anfang 2008 auch in Madagaskar, immer wieder mal aus und wird dann schnell bekämpft. Doch in unserer Kultur hat sich über Generationen hinweg der große Schrecken vor der Seuche »vererbt« ...

Welches Volkslied bezieht sich auf die Pest?

a) »O du lieber Augustin«

b) »Es tanzt ein Bi-Ba-Butzemann«

c) »Bruder Jakob«

Im Lied vom Bi-Ba-Butzemann geht es um die Beschwörung eines Poltergeistes, der seine Knochen schüttelt – trotz seiner fröhlichen Melodie also eigentlich gar kein Kinderlied. Mit der Pest hat es aber nichts zu tun, ebenso wenig wie »Bruder Jakob«: Der berühmte Kanon entstand wahrscheinlich im 16. Jahrhundert, möglicherweise im Zusammenhang mit dem Jakobsweg, der berühmten Pilgerstrecke nach Santiago de Compostela.

Tatsächlich handelt der Text von »O du lieber Augustin« von einer Pestepidemie, und zwar von jener, die im Wien des 17. Jahrhunderts wütete. Ein Bänkelsänger soll das Lied mit einer großen Portion österreichischem Galgenhumor geschrieben haben, nachdem er eines Morgens nach einem üblen Rausch inmitten eines Massengrabs von Pesttoten aufwachte.

»O du lieber Augustin, Augustin, Augustin,
O du lieber Augustin, alles ist hin. ...
Und selbst das reiche Wien,
Hin ist's wie Augustin;
Weint mit mir im gleichen Sinn,

Alles ist hin! ...
Jeder Tag war ein Fest,
Jetzt haben wir die Pest!
Nur ein großes Leichennest,
Das ist der Rest.«

(Refrain sowie die weniger bekannte 3. und 4. Strophe des Liedes)

Erwähnt wurde die Pest schon in der Bibel – sie ist wahrscheinlich so alt wie die Menschheit selbst. Eine große Pestepidemie in Europa hatte es bereits im Jahr 541 gegeben, die sogenannte Justinianische Pest: Sie begann in Ägypten, breitete sich sowohl nach Osten als auch nach Spanien und dann entlang der Flussläufe weiter nach Westeuropa aus. Bis ins 8. Jahrhundert flammte die Seuche immer wieder auf, verschwand dann aber von der Bildfläche – für rund 600 Jahre.

Was dann geschah, sollte allerdings alles bisher bekannte Übel übertreffen: Eine so weitreichende Epidemie wie die große Pestwelle zwischen 1348 bis 1350, die in allen Teilen der bekannten Welt wütete, hatte es nie zuvor gegeben. Man spricht bei einem so überdimensionalen Ausmaß von einer Pandemie; etwa ein Drittel der europäischen Bevölkerung kam in diesem kurzen Zeitraum um. In den folgenden Jahren wurde Europa von etlichen weiteren, regional begrenzten Pestepidemien heimgesucht. Man spricht deshalb auch vom Jahrhundert des Chaos und der Krisen – am Ende des 14. Jahrhunderts war die Bevölkerungszahl auf die Hälfte im Vergleich zum Zeitpunkt vor der ersten Pestwelle geschrumpft. Manche Historiker vergleichen die Zahl der Todesfälle mit den Auswirkungen eines weltweiten Atomkriegs.

Wo der Schrecken seinen Anfang genommen hatte, konnten die Menschen schon damals ziemlich genau nachvollziehen: im Gebiet um den Balchaschsee in Zentralasien, im heutigen Kasachstan. Über die Seidenstraße wurde die Pest nach Indien und China getragen, gleichzeitig verbreitete sie sich gen Westen und kam über das Kaspische schließlich zum Schwarzen Meer.

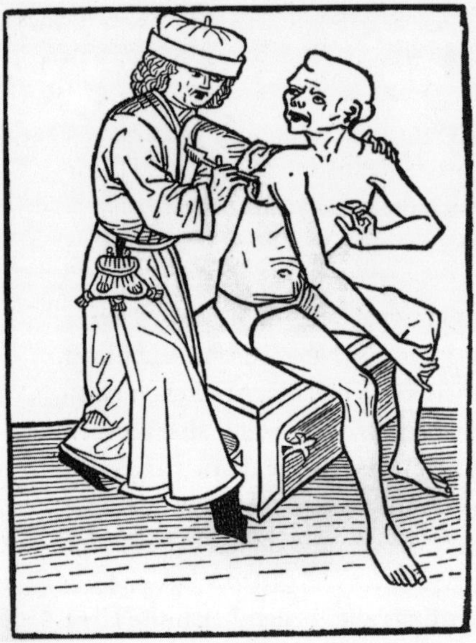

Ein gefährlicher Job: Mittelalterlicher Arzt beim Öffnen einer höchst infektiösen Pestbeule (Nürnberg 1482).

1346 wurde die Stadt Caffa, eine Handelsniederlassung Genuas auf der Krim, schon seit Monaten von den Tataren belagert. Unter den Belagerern brach die Seuche plötzlich aus, und die Heerführer mussten mit ansehen, wie ihre Soldaten reihenweise starben. Schließlich kamen sie auf die teuflische Idee, die Leichen mit Katapulten über die Mauern der Stadt zu schießen – vielleicht der erste Einsatz einer biologischen Waffe überhaupt. (Auch heute ist die Pest übrigens ein potenzieller biologischer Kampfstoff – Labors haben im Auftrag von Regierungen Pesterreger entwickelt, die gegen Antibiotika resistent sind ...)

> *»Man sah, wie sich die Leichen, die sie auf diese Weise hineingeworfen hatten, zu Bergen türmten. Die Christen konnten sie nämlich weder wegschaffen noch vor ihnen fliehen.«*
>
> (Gabriele de Mussis, ein junger Jurist, der zu dieser Zeit in Caffa lebte)

Schiffe aus Caffa brachten die Pest Anfang 1348 in europäische Hafenstädte wie Genua und Marseille, von wo aus sie sich über das Handelsnetz schnell ausbreitete. Die erste deutschsprachige Stadt nördlich der Alpen, Mühldorf am Inn, wurde am 29. Juni

1348 heimgesucht, Ostern 1349 erreichte die Seuche Frankfurt am Main, an Pfingsten 1350 fiel sie in Lübeck ein. Die Kunde von der schreckenerregenden Seuche war ihr vorausgeeilt – schon 1347 sprach man in ganz Europa von einer unheimlichen, verheerenden Krankheit im Osten, auch, dass sie näher und näher kam, blieb den Menschen nicht verborgen.

Zwei Arten der Pest gibt es, die Beulen- und die Lungenpest. Bei der Beulenpest schwellen die Lymphknoten am ganzen Körper auf Apfelgröße an, dazu kommen Fieber, Kopfschmerzen und Halluzinationen. Nachdem die ersten Symptome aufgetreten waren, lebten im Mittelalter die meisten Menschen noch etwa drei Tage. Aber immerhin zwanzig Prozent überstanden die Krankheit. Befallen die Pesterreger im Körper auch die Lunge, entwickelt sich parallel zur Beulenpest die noch grausamere Lungenpest, die sich in Herzrasen, Bluthusten und Atemnot äußert: Sie führt – wenn keine modernen Medikamente in Reichweite sind – schon wenige Stunden nach der Ansteckung mit Sicherheit zum Tod.

Wie kann sich ein Mensch mit der Pest anstecken?

a) durch von Ratten angenagte Lebensmittel

b) durch Flohbisse

c) durch Tröpfcheninfektion

Ratten in der Speisekammer sind zwar unangenehm, das Pestbakterium wird durch ein angeknabbertes Stück Käse allerdings nicht übertragen – selbst, wenn die Ratte infiziert sein sollte. Aber sowohl durch Flohbisse als auch durch Tröpfcheninfektion kann man sich mit den verschiedenen Formen der Pest anstecken. Die Beulenpest wird vom Rattenfloh übertragen: Die infizierten Flöhe beißen so viele Ratten, bis es zu einem Nager-Massensterben kommt. Irgendwann findet er kein lebendes Wirtstier mehr und geht auf den Menschen über. Die Ansteckungsgefahr wird dadurch noch größer, dass der Floh etwa 30 Tage ohne Nahrung in Kleidung und Decken überlebt.

Die Lungenpest ist noch viel ansteckender, weil sie sich wie ein normaler Schnupfen per Tröpfcheninfektion überträgt. So konnten die Menschen im 14. Jahrhundert beobachten, dass manche tatsächlich kurz nach dem Kontakt mit einem Kranken tot umfielen – was das allgemeine Grauen noch verstärkte. Besonders unheimlich war, dass die Krankheit nicht nur Menschen, sondern Tiere gleichermaßen befiel.

> *»Man hatte die Lumpen eines armen Mannes, der an der Krankheit gestorben war, auf die offene Straße geworfen. Zwei Schweine, die dazu kamen, machten sich ... darüber her und wühlten heftig mit ihren Mäulern darin herum. Kaum eine Stunde später fielen sie beide, nach ein paar Zuckungen ..., tot auf die Lumpen hin, die sie zu ihrem Unheil zerwühlt hatten.«*
>
> (der italienische Dichter Giovanni Boccaccio in seinem Werk »Dekameron«, geschrieben zwischen 1350 und 1353)

Wenn die Pest eine Stadt erreichte, blieb nichts mehr, wie es war. Hilflos mussten die Menschen mit ansehen, wie Familienangehörige und Nachbarn starben und das öffentliche Leben komplett zusammenbrach – neben den »normalen« Bürgern kamen schließlich oft auch die Ratsherren und Beamten um, die die Geschicke einer Stadt lenkten.

> *»1348, 12. Juni: Da nach Gottes Ratschluss sehr viele Mitglieder unseres Großen Rates verstorben sind, was dadurch deutlich wird, dass bei dessen Einberufung nur noch wenige kommen und auf Grund dieser töd-*

lichen Seuche vierzig [Stimmberechtigte] nicht mehr existieren ..., können die Angelegenheiten des Landes nicht mehr erledigt werden. Sie müssen deshalb ausgesetzt werden, es sei denn, man findet durch die Gnade Gottes irgendein Heilmittel.«

(der Große Rat von Venedig stellt in einem Versammlungsprotokoll seine Beschlussunfähigkeit fest)

Überall in Europa hielten Zeitzeugen die Geschehnisse in Briefen und Chroniken fest. Ihre Berichte lassen nur erahnen, was für Chaos und Entsetzen um sie herum herrschten.

»Von Jakobi bis zum Fest Mariä Reinigung sammelten am Tag drei bis vier Karren an allen Orten, auf Friedhöfen und Straßen, die Leichen auf.«

(aus einer Erfurter Chronik aus dem Jahr 1350)

»Kein Handwerkszweig arbeitete mehr in Florenz. Alle Läden und Lokale blieben geschlossen.«

(aus der Chronik eines Florentiner Autors, entstanden unmittelbar nach 1348)

Waren, die jetzt besonders gefragt waren, wurden zu absurd hohen Preisen verkauft: Bahren, Decken oder Kissen, um die Toten zu transportieren; Textilien, um sie darin einzuwickeln; Kerzen für die Totenwache. Da die Läden in den meisten Städten geschlossen waren und nur die Apotheken geöffnet hatten, machten die Apotheker mit solchen Waren ein Vermögen.

Auch auf dem Land setzte das große Sterben ein. Felder wurden nicht abgeerntet, niemand kümmerte sich um die Tiere, die frei herumliefen. Ganze Landstriche waren menschenleer, Dörfer verödeten. Viele der Zeitzeugen berichten erschüttert, dass sich die Menschen von ihren kranken Familienangehörigen und Freunden abwandten, statt sie zu versorgen und zu pflegen – von Barmherzigkeit war oft genug keine Spur.

»Der Sohn ließ den Vater im Stich, der Mann die Frau und umgekehrt, der Bruder den Bruder, die Schwester die Schwester ... Viele kamen um, ohne dass es von jemandem bemerkt wurde, und eine große Zahl verhungerte. Wenn nämlich jemand aufs Krankenbett geworfen wurde, sagten die Mitbewohner im Haus voller Angst: ›Ich gehe einen Arzt holen‹, verschlossen leise den Ausgang zur Straße und kehrten nie mehr zurück.«

(der italienische Chronist Marchionne di Coppo Stefani 1348)

Die Angst sich anzustecken sorgte auch dafür, dass Priester sich weigerten, Sterbenden die letzte Beichte abzunehmen, Notare keine Testamente von Sterbenden aufnahmen und nur wenige bereit waren, als Totengräber zu arbeiten – dann aber für einen fürstlichen Lohn.

Vorläufer der Gasmaske wie diese aus dem 17. Jahrhundert sollten Ärzte vor der Ansteckung schützen – ihr Nutzen war allerdings begrenzt.

Tatsächlich waren Berufsgruppen, die engen Kontakt mit den Kranken hatten, am stärksten gefährdet und starben besonders häufig an der Pest. Dazu gehörten auch die Ärzte. Sie kamen durch den Aderlass mit dem Blut der Pestkranken in Berührung, öffneten außerdem die Beulen, aus denen die hochinfektiöse Flüssigkeit trat. Kurz nach der ersten großen Pestwelle entstand daher eine neue Schutzkleidung für Ärzte, die ihnen ein höchst dramatisches Aussehen gab. Sie trugen eine grausige schwarze Schnabelmaske, in die als Luftfilter mit Essig getränkte Schwämme kamen, dazu eine Glasbrille und einen eng anliegenden Lederanzug mit Umhang. Das sollte vor Ansteckung schützen, sah aber eigentlich nur Furcht einflößend aus.

Ausrichten konnten die Ärzte gegen die Seuche allerdings nichts. Trotzdem klammerten sich viele an die Hoffnung, dass wundersame Arzneien sie retten könnten. Das am meisten empfohlene Mittel war der sogenannte Theriak. Er enthielt als Hauptbestandteil Vipernfleisch. Dieses wurde mit Brotteig, Meerzwiebel und Mehl zu Pillen verarbeitet, die mit einer Paste aus Honig, Wein, Opium und rund sechzig weiteren Stoffen gefüllt wurden. Wegen seiner schwer zu bekommenden Zutaten war Theriak sehr teuer, und der Handel mit Fälschungen blühte. Ärzte rieten, zur Vorbeugung eine haselnussgroße Menge alle drei Tage zu sich zu nehmen. Es muss wohl nicht extra erwähnt werden, dass die Mixtur gegen die Pest nichts ausrichten konnte ...

Was empfahlen die Ärzte noch gegen die Pest?

a) Süßigkeiten

b) Birnen

c) Fisch

Viele Ärzte sahen in der Ernährung den Schlüssel für eine wirkungsvolle Pesttherapie – was empfohlen wurde und was nicht, wurde aus antiken Theorien über den menschlichen Körper abgeleitet. Fisch galt allerdings als absolut schädlich im Zusammenhang mit der Pest. Und auch Birnen und andere Früchte, die leicht faulten, standen auf dem Index – ihre Einfuhr wurde in manchen Städten sogar verboten. Tatsächlich war hingegen der Genuss von Süßigkeiten nach Ansicht vieler mittelalterlicher Ärzte eine geeignete Prophylaxe.

Das ausschweifende Leben derer, die im Angesicht des Todes buchstäblich auf den Gräbern tanzten, war vielen Zeitgenossen ein Dorn im Auge.

»[Der Arzt soll] gute Süßigkeiten zu sich nehmen und sich möglichst hüten, mit nüchternem Magen bei dem Kranken zu verweilen. Auch nachts sind Süßigkeiten empfehlenswert …«

(aus einem sogenannten »Pestconsilium« des italienischen Arztes Tommaso del Garbo)

Während die Ärzte gegen die Krankheit kämpften, diskutierten Gelehrte über die Ursachen der Seuche. Sehr verbreitet war die Idee von den sogenannten Miasmen – Schwaden von »verdorbener Luft«, mit denen die Krankheit zu den Menschen wehte. Insbesondere bei Südwind sollte man deshalb die Fenster schließen, lautete die Empfehlung. Gleichzeitig war man davon überzeugt, dass die Pest eine der Plagen war, mit denen sich laut der Bibel das Jüngste Gericht ankündigt. Und so glaubten die meisten Menschen, dass die Apokalypse unmittelbar bevorstand.

Wie aber verhalten sich Menschen, die mit dem nahen Weltuntergang rechnen? Sie schlagen über die Stränge – jedenfalls wenn man den Ausführungen mancher Chronisten glauben darf, die sich über die Schamlosigkeit ihrer Zeitgenossen schwer beklagten. Die Röcke der jungen Männer, heißt es etwa in einer Mainzer Schrift von 1367, waren so kurz, dass »ihr Geschlecht und ihr Gesäß« kaum verhüllt waren. Und die Frauen trugen hautenge Kleider mit tiefen Ausschnitten.

> *»Und wegen ihrer enggeschnittenen Kleidung konnte man mitten darin die weibliche Geschlechtsregion betrachten.«*
>
> (aus einer Mainzer Chronik von 1367)

Der Verfall der Moral in der von sittlichen Vorschriften so geprägten mittelalterlichen Gesellschaft war überall zu beobachten. Manch einer schwelgte angesichts der Hoffnungslosigkeit in ausschweifendem Luxus oder berauschte sich bis zur Besinnungslosigkeit, denn teure Kleidung oder erlesene Speisen aus den Vorratskammern ausgelöschter Familien standen plötzlich allen offen – Plünderungen ließen sich kaum verhindern. Und wer es sich leisten konnte, floh aus der Stadt aufs Land.

Blutiges Schauspiel in vielen Städten: Dieses Bild aus einer französischen Chronik zeigt einen Geißler in seiner typischen Tracht.

»Andere ... sagten, gegen die Pest gebe es keine bessere ... Arznei als die Flucht vor ihr. Von dieser Überlegung geleitet verließen viele Leute ..., an nichts anderes als an sich selbst denkend, die eigene Stadt, ihre Häuser, Ämter, Verwandten und ihre Habe.«

(Giovanni Boccaccio im »Dekameron«)

Wieder andere verloren sich in einer inbrünstigen Frömmigkeit und beteten ohne Pause um die Gnade Gottes. Am deutlichsten war das bei den Geißlern zu sehen, einer regelrechten Massenbewegung. In Bußhemden gekleidet, zogen sie in riesigen Zügen barfuß und in Zweierreihen durch die Lande. Dabei schlugen sie sich mit Geißeln blutig, an deren Bändern Eisenspitzen befestigt waren, und stimmten Lieder mit monotonen Melodien an. Vielerorts verängstigte der Anblick der Geißler die Menschen zusätzlich, zuweilen lösten sie reine Hysterie aus.

Die fanatischen Büßer werden auch mit dem wohl dunkelsten Kapitel des Mittelalters in Zusammenhang gebracht: den Pogromen gegen die Juden. Zum Teil aufgestachelt durch die Geißler, aber wohl auch durch Obrigkeiten, die bei jüdischen Geldverleihern Schulden hatten, fanden die aufgepeitschten Massen in den Juden ihren Sündenbock – vor allem im deutschsprachigen Raum und in Nordfrankreich. Das Gerücht, Juden hätten die Brunnen vergiftet und damit die Pest unters Volk gebracht, kostete Tausende das Leben und löschte zwei Drittel der jüdischen Gemeinden in Mitteleuropa aus.

»Und wart ein groß schmähen und schreien über die [Juden] von Strosburg. ... Also wurdent sie in vil stetten gebrant und ... usgetriben: die wurden dann von den bauern gefangen und erstochen oder ertränket ...«

(der Chronist Jakob Twinger von Königshofen um 1400 über die Judenverfolgung in Straßburg zu Zeiten der großen Pest)

Die Überlebenden waren gezwungen zu fliehen. Viele ließen sich in Polen nieder, wo sie keine Verfolgung fürchten mussten – das Land blieb von der Pest weitgehend verschont.

Um die aufgebrachte Bevölkerung zu beruhigen, verhängten die Behörden – sofern sie dazu noch in der Lage waren – Maßnahmen, die das Sterben weniger sichtbar machen sollten. So durften in den meisten Städten keine Totenglocken mehr läuten. Die Räder der Leichenkarren wurden mit Tüchern verkleidet, damit ihr andauernder Klang die Menschen nicht verstörte. Totenlisten wurden nicht veröffentlicht, lange Trauerzüge für Verstorbene verboten. Aber auch rein praktische Anordnungen wurden getroffen ...

Der Vorläufer welches Dokuments wurde im Zuge der Pestepidemien des 14. Jahrhunderts in Europa eingeführt?

a) Reisepass

b) Führerschein

c) Personalausweis

Ein Mittel gegen die Ausbreitung der Pest bestand darin, Fremde nicht in die Stadt zu lassen – vor allem wenn sie aus verseuchten Regionen kamen. Um das feststellen zu können, setzte sich eine Art Reisepass durch, der darüber Auskunft gab, aus welchem Gebiet man stammte. War bekannt, dass dort die Seuche wütete, wurde dem Fremden der Zutritt zur Stadt verwehrt. Darauf mussten die Torwächter streng achten: Entging ihnen ein Fremder, wurden sie mit einer Geldbuße bestraft.

Erst nach und nach setzte sich europaweit allerdings ein weitgehend einheitlicher Maßnahmenkatalog durch, um die immer wieder aufflammende Pest zumindest in Schach zu halten. Kran-

Das Beinhaus in Rouen mit schaurigen Fassadendetails musste 1348 im Zuge der großen Pestepidemie gebaut werden, um den Friedhof zu erweitern.

ke wurden isoliert, ebenso jeder, der mit einem Kranken Kontakt gehabt hatte. Vor den Stadtmauern richtete man sogenannte »Pesthäuser« zur Krankenpflege ein. Neue Hygienevorschriften regelten die Abfallbeseitigung, und man legte fest, wo neue Gräber geschaffen werden sollten.

»Wo sind unsere süßen Freunde? Wo die geliebten Gesichter? ... Welch ein Blitzschlag hat uns vernichtet, welch ein Erdbeben uns ausgelöscht ...? Wir waren viele, jetzt sind wir allein. Neue Freundschaften sind zu schließen.«

(aus einem Brief des Dichters Petrarca, der die Pest überlebte)

Viel Zeit zur Bewältigung ihrer Trauer dürften die Menschen allerdings nicht gehabt haben – es ging darum, die Existenz in einer auf den Kopf gestellten Welt zu sichern. Die Umwälzungen, die die mittelalterliche Gesellschaft in den Jahren nach dem Schwarzen Tod erfuhr, waren enorm. Während vor der großen Seuche wenige reiche Patrizier in den Städten die Oberhand gehabt hatten, schwangen sich nun die Handwerker zum mächtigsten Stand auf – die vormalige Oberschicht war durch die Pest einfach zu sehr ausgedünnt worden. Es kam außerdem zu einer Umverteilung von Gütern, wie es sie in der Geschichte Europas nie zuvor oder danach gegeben hat: Bei den Hinterlassenschaften der ungezählten ausgelöschten Familien griffen alle fleißig zu. So gehörten plötzlich zuweilen auch Bauern oder Knechte zu den Wohlhabenden.

»[Die Menschen] gaben sich dem Nichtstun hin und frönten hemmungslos dem Essen und Trinken, liebten Gelage und Spelunken ... Das niedrige Volk wollte nicht mehr in den alten Berufen arbeiten. ... Wenn geheiratet wurde, kleideten sich die Kinder und Frauen niedrigen Standes in all die schönen und teuren Gewänder der Vornehmen, die gestorben waren. Und ohne Halt glitt unsere ganze Stadt in ein Lotterleben ab ... Nach den Informationen, die wir bekommen konnten, gab es keine Gegend, wo die Bevölkerung keusch lebte.«

(Matteo Villani, ein Florentiner Chronist, über die Zustände nach der Pest in Florenz 1348)

Unmittelbare Folge der Seuche war aber auch ein regelrechter Bauboom in den Städten. Um noch schnell ihr Seelenheil zu retten, hatten so viele Sterbende den Kirchen ihr Erbe vermacht, dass in den Kassen genug Geld für neue prunkvolle Gotteshäuser war: etwa für den Erfurter Dom, das Ulmer Münster, die Nürnberger Frauenkirche oder die Jacobikirche in Hamburg. Wer also bei einer Stadtbesichtigung mal auf eine Kirche stößt, deren Grundstein in der zweiten Hälfte des 14. Jahrhunderts gelegt wurde, mag daran denken: Das Geld dafür könnte von jenen Bedauernswerten stammen, die während der Pestepidemie ihr Leben ließen.

Tipps zum Weiterlesen:

Albert Camus: Die Pest, Reinbek 1999. Der weltberühmte Roman von 1947 handelt von einem Pestausbruch in einer algerischen Stadt – und erzählt, wie sich Menschen angesichts einer großen Katastrophe verhalten.

Giovanni Boccaccio: Das Dekameron, Frankfurt am Main 2008. Zehn vor der Pest aufs Land geflohene Freunde erzählen sich – mitunter recht frivole – Geschichten. Im Vorwort beschreibt der Dichter den Ausbruch der Seuche in Florenz – der bedeutendste Augenzeugenbericht der großen Pestepidemie überhaupt.

11

Volle Kraft voraus!

Große Erfindungen verändern die Welt

»Tausend Jahre Stillstand« – so lautet ein weitverbreitetes Klischee über das Mittelalter. Viele glauben, es hätte damals weder bahnbrechende Erfindungen noch gesellschaftlichen Fortschritt gegeben. Doch es ist Zeit, mit diesem hartnäckigen Vorurteil aufzuräumen. Im Mittelalter wurde nämlich enorm viel auf den Weg gebracht, das aus unserem heutigen Leben nicht wegzudenken ist. Nichts Geringeres als unser Zeitempfinden verdanken wir beispielsweise einer Erfindung des 13. Jahrhunderts: der mechanischen Räderuhr. Wie sähe unsere Welt wohl aus ohne die ständige Frage nach der Uhrzeit, ohne die Einteilung der Zeit in Stunden und Minuten? Vorher hatte dies für die Masse der Menschen keine Rolle gespielt: Man richtete sich nach Sonnenauf- und -untergang. Lediglich in Klöstern oder bei Hofe maß man die Zeit, zum Beispiel mit Sonnenuhren – die selbstverständlich ausfielen, wenn Wolken aufzogen – oder mit hochkomplizierten, wenig robusten Wasseruhren, die bei Frost einfroren. Die neue Uhr setzte sich hingegen aus wetterunabhängigen Zahnrädern zusammen und ließ sich für alle sichtbar befestigen. Schon bald richteten die Menschen ihr Leben am wandernden Zeiger der Kirchturmuhr aus ...

Was änderte sich an der Zeitmessung, als öffentliche Uhren eingeführt wurden?

a) Die Stunden waren nun alle gleich lang.

b) In allen Ländern Europas herrschte die gleiche Uhrzeit.

c) Die Uhrzeit hing nicht mehr vom Stand der Sonne ab.

Es stimmt, dass die frühen Uhren sehr ungenau gingen – trotzdem richtete sich die Uhrzeit selbstverständlich weiterhin nach dem Stand der Sonne; es war also bei ihrem Höchststand nach wie vor Mittag. Weil die Mechanik noch lange nicht ausgereift war, wurde in der Regel eigens jemand eingestellt, um die Turmuhr zu warten und neu zu stellen – zum Teil sogar mehrmals am Tag. In Dijon etwa wurde noch 1641 angeordnet, alle öffentlichen Uhren nach der Sonnenuhr zu stellen, weil jede eine andere Zeit anzeigte.

Falsch ist auch, dass die Uhrzeit überall in Europa gleich war. Eben weil sie vom Stand der Sonne abhängt, herrscht genau genommen zwischen jeder einzelnen Stadt ein gewisser Unterschied – weshalb im Mittelalter jeder Ort seine eigene Uhrzeit hatte. Noch bis ins 19. Jahrhundert, als schließlich einheitliche Zeitzonen eingeführt wurden, unterschied sich Bayerns »Münchner Ortszeit« um sieben Minuten von der preußischen »Berliner Ortszeit«.

Richtig ist aber, dass mit der Einführung öffentlicher Uhren die Stunden alle gleich lang wurden. Vorher hatte sich ihre Länge mit den Jahreszeiten geändert. Da die Zeit von Sonnenauf- bis Sonnenuntergang im Winter kürzer ist als im Sommer, betrug die Länge einer »Stunde« am kürzesten Tag des Jahres in Wirklichkeit nur eine halbe Stunde, am längsten dagegen anderthalb

Stunden. Nur zwei Mal im Jahr, wenn Tag und Nacht gleich lang waren, hatte die Stunde tatsächlich sechzig Minuten. Durch die Entwicklung der mechanischen Uhr überholte sich diese Art der Zeiteinteilung. Das wirkte sich übrigens auch auf die Arbeitszeit aus: Sommers wie winters musste nun jeden Tag gleich lang geschuftet werden.

Die ersten Städte erhielten Ende des 13. oder Anfang des 14. Jahrhunderts eine Kirchturmuhr, zunächst noch ohne Ziffernblatt.

Die Attraktion auf dem Marktplatz: Der Hahn des Straßburger Münsters stieß nach dem Ende des Glockenspiels ein heiseres Krähen aus und schlug mit den Flügeln.

> *»Sie hat eine wunderbare Uhr mit einem großen Klöppel, der vierundzwanzig Mal zu jeder Stunde des Tages und der Nacht eine Glocke anschlägt, und zwar so, dass er die erste Stunde der Nacht mit einem Schlag, die zweite mit zwei Schlägen anzeigt ... So kann man eine Stunde von der anderen unterscheiden, was für Menschen jedes Standes von großem Nutzen ist.«*
>
> (ein italienischer Chronist 1335 über die Mailänder Kirche San Gottardo)

Kurz darauf wurde das Ziffernblatt mit Stundenzeiger eingeführt. (Der Minutenzeiger gesellte sich erst im Lauf des 16. Jahrhunderts hinzu – vorher nahm man es mit kürzeren Zeitintervallen noch nicht so genau.) Jede Stadt wollte eine öffentliche Uhr besitzen, allein schon aus Prestigegründen.

> *»Es besteht ein starkes Bedürfnis nach einer großen Uhr, deren Klang von jedermann in der ganzen Stadt gehört wird. Wenn man eine öffentliche Uhr einrichtet, werden mehr Kaufleute zu den Messen kommen, die Bürger werden fröhlicher und zufriedener leben und ein geordneteres Leben führen, und die Stadt wird an Schönheit gewinnen.«*
>
> (aus einer Petition, die 1481 dem Stadtrat von Lyon vorgelegt wurde)

Ebenso wichtig wie die angezeigte Uhrzeit war das Glockenspiel, zu dem sich Figuren bewegten – das Spektakel setzte Bewohner und Besucher der Städte regelmäßig in Erstaunen und Begeisterung. Manche dieser mechanischen Wunderwerke waren besonders prächtig. So schlug am Straßburger Münster ein eiserner Hahn mit den Flügeln und krähte lauthals mithilfe winziger Orgelpfeifen, um einen Tanz der Heiligen Drei Könige zu beenden.

Die Räderuhr ist allerdings nicht die einzige folgenreiche Neuerung, die wir dem Mittelalter verdanken. Aus Mainz kam Mitte des 15. Jahrhunderts eine Erfindung, die noch aus heutiger Sicht als die wohl revolutionärste des Jahrtausends gilt: der Buchdruck mit beweglichen Lettern.

> *»Die Erfindung der Buchdruckerkunst ist das größte Ereignis der Geschichte. Sie ist die Mutter allen Umsturzes, eine Erneuerung menschlicher Ausdrucksmittel von Grund auf.«*
>
> (Victor Hugo in seinem Werk »Notre Dame de Paris« 1832)

Nicht umsonst wurde ihr Erfinder, Johannes Gutenberg, Ende 1998 von amerikanischen Journalisten zum »Man of the millenium«, zum Mann des zweiten Jahrtausends, gekürt ...

Wie hieß Johannes Gutenberg mit richtigem Namen?

a) Theophrastus Bombastus

b) Georg Bauer

c) Johannes Gensfleisch

Theophrastus Bombastus klingt zwar wie ein Künstlername, war aber der richtige Name des berühmten Arztes Paracelsus (1493–1541). Der Schweizer galt als größter Neuerer der mittelalterlichen Medizin und ist noch heute Namenspatron zahlreicher Krankenhäuser. Georg Bauer hingegen war ein bekannter Wissenschaftler und Ingenieur des Mittelalters – besser bekannt als Georgius Agricola (1494–1555). Ein Leipziger Professor hatte dem jungen Deutschen schon zu Studienzeiten geraten, seinen Namen um des besseren Klangs willen ins Lateinische zu übersetzen, was er dann auch tat.

In Wirklichkeit hörte Johannes Gutenberg auf den Namen Gensfleisch. Später nannte er sich »Gutenberg« – so hieß der Hof seiner Eltern. Den Geburtsnamen durch den Namen des Hausbesitzes zu ersetzen, war damals nichts Ungewöhnliches.

Bis zum Zeitpunkt seiner Erfindung war es üblich gewesen, Bücher per Hand zu schreiben. Kurz zuvor, um 1400, war außerdem der Holzschnitt erfunden worden. Aber Holz als Druckplatte nutzte im Gegensatz zu den Metalltypen schnell ab – außerdem konnte man mit der neuen Methode die Buchstaben immer wieder neu zusammensetzen, was den Druck erheblich beschleunigte und verbilligte. Zusätzlich hatte Gutenberg (zwischen 1397 und 1400 bis 1468) noch die Idee, zum Drucken eine Presse zu verwenden, wie sie beim Keltern von Wein zum Einsatz kam.

Um mit seiner Erfindung gleich Furore zu machen, entschied sich Gutenberg, das »Buch der Bücher« zu drucken: Die Guten-

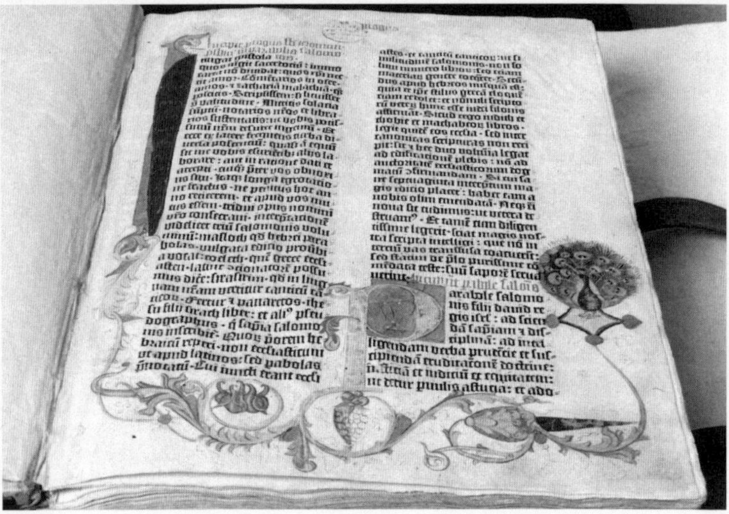

Dies ist eine der wenigen noch erhaltenen Gutenberg-Bibeln, die vom Meister persönlich gedruckt wurden. Glückliche Besitzerin des millionenteuren Stücks ist die Greifswalder Universität.

berg-Bibel entstand 1454 in einer Auflage von 180 Stück. Für dreißig davon verwendete er statt Papier kostbares Pergament – pro Bibel musste eine ganze Schafherde ihre Haut lassen. Jede hatte 1.282 Seiten – und insgesamt 350.000 Buchstaben.

»Vollständige Bibeln habe ich nicht gesehen, vielmehr einige Quinternen [jeweils fünf zusammengeheftete Bögen] ... in höchst sauberer und korrekter Schrift ausgeführt ... Von mehreren Gewährsmännern erfuhr ich, dass 158 Bände fertiggestellt seien; einige versicherten sogar, es handle sich um 180.«

(Enea Silvio Piccolomini, damals Sekretär von König Friedrich III., in einem Brief an den spanischen Kardinal in Rom vom 12. März 1455)

Der Druck der 180 Werke dauerte etwa drei Jahre, denn sie wurden aufwendig mit handschriftlich eingearbeiteten Initialen und anderen prächtigen Verzierungen geschmückt. Auch für eine handgeschriebene Bibel brauchte ein Schreiber etwa drei Jahre – allerdings, um eine einzige Ausgabe herzustellen.

Die Bibeln waren ein voller Erfolg. Nur Gutenberg hatte davon nicht viel. Der Kaufmann Johann Fust, der ihm Geld zum Aufbau seiner Druckwerkstatt geliehen hatte, wollte ausgezahlt werden und verklagte den säumigen Gutenberg, der daraufhin die Werkstatt und die fertigen Bibeln an Fust überschreiben musste. Seine Erfindung aber eroberte Europa im Sturm: In Spitzenzeiten der Handschriftenproduktion – etwa zwischen 1460 und 1469 – wurden knapp 200.000 Manuskripte hergestellt; die Zahl der gedruckten Werke betrug im letzten Jahrzehnt des 15. Jahrhunderts bereits geschätzte dreieinhalb Millionen! Ohne Gutenbergs Erfindung, darin sind sich die Historiker einig, wären alle wichtigen Entwicklungen der nachfolgenden Jahrhunderte nicht möglich gewesen. Denn der Buchdruck mit beweglichen Lettern schuf das Massenmedium des bedruckten Papiers – und damit die Möglichkeit, unzählige Menschen gleichzeitig mit Informationen zu versorgen.

Eine recht neue Einrichtung, die vom Buchdruck stark profitierte, war auch die Universität. Im frühen Mittelalter waren Klosterschulen für die Bildung verantwortlich gewesen. Ab ungefähr 1200 gründeten sich aber überall in Europa Universitäten als Bildungsinstitutionen, die zunehmend eine von der Kirche unabhängige Wissenschaft ermöglichten. Und diese zogen im Laufe der Zeit immer mehr Menschen an, die einen enormen Bedarf an gedruckten Texten hatten ...

Wo entstand die erste Universität Europas?

a) Heidelberg

b) Bologna

c) Leiden

In Leiden befindet sich die älteste Universität der Niederlande. Sie wurde 1575 gegründet und ist damit kaum jünger als die Niederlande selbst, die sieben Jahre zuvor unabhängig wurden. Deutlich früher, nämlich schon 1386, entstand die Universität

Andächtig lauschen Studenten ihrem Professor – in diesem Fall wohl dem Gelehrten Giovanni da Legnano, auf dessen Grabmal das Relief aus dem Jahr 1400 zu bewundern ist.

Heidelberg, heute Deutschlands älteste Hochschule. Ihr Gründer, Kurfürst Ruprecht I., wollte mit ihr ein Zentrum der geistigen Elite in seinem Hoheitsgebiet schaffen – was ihm auch geglückt ist: In den folgenden Jahrhunderten wurde die Universität Heidelberg zu einer Quelle fortschrittlicher geistiger Strömungen und ist noch heute eine der bekanntesten Hochschulen der Welt.

Aber andere Universitäten wurden in Europa noch viel eher gegründet. Als Älteste gilt Bologna am Ende des 11. Jahrhunderts; etwa zeitgleich entstanden auch die Universitäten in Oxford und Paris. In Bologna wurde im Mittelalter vor allem Rechtswissenschaft gelehrt – neben Theologie und Medizin das Hauptstudienfach im Mittelalter. Studenten waren meist Adelssprösslinge oder reiche Patriziersöhne, die in den Universitätsstädten aus allen Teilen Europas zusammentrafen und nicht selten für ordentlichen Trubel sorgten.

> *»Dreist ließen sie sich zu allen möglichen Beschimpfungen und Beleidigungen hinreißen. So behaupteten sie, die Engländer seien Trunkenbolde und triebhaft wie Tiere; die Franzosen seien hochmütig, verweichlicht und aufgeputzt wie Weiber. Die Teutonen seien grausam und roh bei ihren Trinkgelagen ... die Flamen ... unstet, größenwahnsinnig, gefräßig, nachgiebig wie Butter und träge. Und nach dergleichen Anwürfen wurde man schnell handgreiflich.«*
>
> (der Kardinal Jakob von Vitry, ca. 1160–1240, in einer Predigt über das Benehmen der Studenten in Wirtshäusern)

Andere nahmen ihr Studium äußerst ernst, war es doch eine große Chance: Für jüngere Söhne, die nichts zu erben hatten, oder für Abkömmlinge des niederen Adels konnte ein Uni-Abschluss Sprungbrett für die ganz große Karriere sein. Ein Jurist mit Doktortitel etwa konnte an Fürstenhöfen hohe Positionen erreichen; andere wurden Gesandte und beeinflussten das politische Tagesgeschehen.

»Ich habe vernommen, dass du gegen alle Gepflogenheiten bereits vor dem ersten Glockenschlag aufstehst ..., dass du als Erster die Schule betrittst und sie als Letzter verlässt ... selbst im Schlaf träumst du von Reden und wiederholst Vorlesungen und bewegst dabei die Lippen ... Deshalb bitte ich dich inständig, mein Sohn, im Studium das rechte Maß zu finden, da ich nicht möchte, dass jemand zu mir sagt: ›Ich habe vernommen, dass dein Sohn mit dem Lorbeerkranz der Wissenschaft zurückgekehrt ist‹ und ich gezwungen bin zu antworten: ›In Wahrheit ist er Doktor geworden, aber an einem Übermaß an Studium gestorben‹ ...«

(Brief des italienischen Rhetoriklehrers Boncompagno da Signa an seinen Sohn zu Beginn des 13. Jahrhunderts)

Gelehrsamkeit stand hoch im Kurs, aber wer viel lesen musste, bekam mit fortschreitendem Alter häufig ein Problem: Auch im Mittelalter blieben die Menschen nicht von Altersweitsichtigkeit verschont. Besonders im Kloster litten die viel lesenden und schreibenden Mönche (und übrigens auch Nonnen) unter der schwindenden Sehkraft. Neben Vergrößerungsspiegeln, die allerdings ein spiegelverkehrtes Lesen nötig machten, setzten sich Mitte des 13. Jahrhunderts Glaskugeln oder sogenannte Lesesteine durch. Diese dicken, geschliffenen Linsen, die auf den Text gelegt wurden, nannte man Beryll, weil sie oft aus dem gleichnamigen, durchsichtigen Halbedelstein hergestellt wurden.

»So wie der Beryll die Schrift vergrößert, gleicht ihm dein Herz, darin alle Tugenden in ihrem Wesen wachsen hoch, breit, weit und auch in die Länge.«

(der mittelhochdeutsche Dichter Alfred von Scharfenberg liefert 1270 in seinem Werk »Der Jüngere Titurel« das älteste deutschsprachige Zeugnis für einen Lesestein)

Es dauerte nur wenige Jahrzehnte, bis aus dem Lesestein die Brille wurde: Die ersten Gestelle bastelten wahrscheinlich Mönche Ende des 13. Jahrhunderts in Norditalien. Es waren sogenannte »Nietbrillen«, zwei einzelne Linsen, deren Fassungen mit einem Niet verbunden waren.

> *»Es ist noch keine zwanzig Jahre her, dass man sich darauf versteht, Brillen zu fertigen, die die Sehkraft verbessern, das ist eine der besten und notwendigsten Künste, über die die Welt verfügt, und es ist noch gar nicht lange her, dass man sich darauf versteht: eine neue Kunst, wie es sie zuvor noch nie gegeben hat.«*
>
> (aus einer Predigt des Dominikaners Giordano da Pisa in Florenz, 1305)

Die ersten Brillen aus Leder, Holz oder Horn mussten unbequem mit einer Hand festgehalten werden. Später entwickelten sich unterschiedliche Halterungen: Manche wurden auf der Nase festgeklemmt, andere am Hut befestigt oder mit einer Schnur um den Kopf gebunden. Erst Anfang des 18. Jahrhunderts – rund 500 Jahre nach Erfindung der Brille – kamen die Optiker auf die Idee, die Gestelle mit gebogenen Bügeln hinter den Ohren zu befestigen. Gute Brillen waren im Mittelalter sündhaft teure Unikate, sie blieben daher lange Zeit reichen Bürgern und Geistlichen vorbehalten.

Eine Darstellung einer Brille findet sich als Detail eines Altargemäldes der St. Nikolai-Kirche von Bad Wildungen. Der Lesende trägt eine für den Anfang des 15. Jahrhunderts typische Nietbrille.

Während die Brille eine waschechte Erfindung des Mittelalters war, wurde in vielen anderen Fällen auf antike Ideen zurückgegriffen, um sie weiterzuentwickeln ...

Welche dieser Erfindungen stammt nicht aus der Antike?

a) Dampfmaschine

b) Wasserkraftwerk

c) Dynamo

Schon lange, bevor der Dynamo erfunden wurde, hatten Forscher mit Elektrizität experimentiert, so kannten zum Beispiel die alten Griechen das Phänomen elektrostatisch aufgeladener

Mit Wasserkraft wird diese Hammerschmiede betrieben. Die Federzeichnung aus dem Jahr 1556 stammt aus dem »Schwazer Bergbuch«, einer Art Werbebroschüre für den Bergbau der österreichichen Stadt Schwaz.

Bernsteine. Mit der wirklichen Stromerzeugung ging es aber erst im 17. Jahrhundert los. Und den Dynamo erfanden – etwa zeitgleich – der deutsche Industrielle Werner von Siemens und der ungarische Naturwissenschaftler Ányos Jedlik erst Mitte des 19. Jahrhunderts.

Die Dampfmaschine und die Wassermühle dagegen sind tatsächlich antike Errungenschaften. So entwickelte der griechische Erfinder Heron von Alexandria eine erste Dampfmaschine – lange bevor sie im England des 17. Jahrhunderts wieder zum Einsatz kam. Herons Gerät blieb allerdings bloße Spielerei: Es beschränkte sich auf eine mit Wasser gefüllte Metallkugel mit zwei Öffnungen. Wurde unter ihr ein Feuer angezündet, bildete sich im Inneren der Kugel Wasserdampf, der auf beiden Seiten entwich. Dadurch drehte sich die Kugel auf einer Achse um sich selbst. Angeblich nutzte Heron die Kraft des Dampfes aber auch, um die Tore eines Tempels lautlos zu öffnen.

Die Römer wiederum kannten bereits Mühlen, die mit Wasserkraft angetrieben wurden. Für Maschinen, die einem die Arbeit erleichtern konnten, bestand im alten Rom aber wenig Bedarf – zum Schuften gab es schließlich Sklaven. Deshalb waren Wassermühlen im Römischen Reich ein seltener Anblick. Anders im Mittelalter: Die Kraft der Menschen (und Tiere) reichte nicht aus, um etwa den steigenden Brotbedarf zu decken. Die Idee, Wasser als Energielieferant zu nutzen, breitete sich ab dem 11. Jahrhundert rasant in Europa aus. So konnten nun große Mengen an Korn gemahlen werden, ohne dabei auf die mühselige Handarbeit zurückgreifen zu müssen.

Etwa in dieser Zeit kam es auch zur folgenreichen Weiterentwicklung der althergebrachten Mühlentechnik, die im 12. und 13. Jahrhundert schließlich die erste industrielle Revolution einläutete: Die Nockenwelle wurde erfunden. Das unscheinbare Gerät, wahrscheinlich erdacht von Zisterziensermönchen in Nordfrankreich, machte eine vielfältigere Nutzung der Wasserenergie möglich, denn damit konnte man die Drehbewegung des Rades zum Beispiel in eine waagerechte Hin- und Herbewegung oder ein senkrechtes Auf und Ab übertragen.

> *»Nocken, Maschinenbau: Auf einer Welle oder einer Scheibe angeordneter kurvenförmiger Vorsprung, mit dem die Drehbewegung der Welle oder Scheibe in Hubbewegungen eines Stößels oder Schwenkbewegungen eines Hebels umgewandelt wird.«*
>
> (Erklärung aus dem aktuellen »Brockhaus«)

Jetzt konnte man mit Mühlen zum Beispiel Sägewerke betreiben. Und in sogenannten Walkmühlen ließ sich maschinell Filz herstellen, der zuvor mit Füßen in Wasserbottichen gestampft werden musste: die Geburt der Textilindustrie. Aber die größten Auswirkungen hatte die Nockenwelle auf die Metallverarbeitung. Mühlenbetriebene Hammerschmieden holten aus dem Rohstoff Erz das Letzte heraus. Und durch das Auf- und Niederdrücken riesiger Blasebälge mithilfe von Wasserkraft konnte man die Temperatur im Brennofen enorm erhöhen. Flüssiges Roheisen entstand, das eine Temperatur von rund 1.500 Grad Celsius braucht.

Manche Regionen, die sich besonders auf die Verarbeitung von Eisen spezialisiert hatten, erlebten nun einen grandiosen Aufschwung. Die Waren wurden in die ganze Welt exportiert: Messer aus Solingen, Rüstungen aus Mailand, Sicheln aus der Steiermark. Das beste Weißblech und der beste Draht kamen dabei übrigens aus Nürnberg – die Oberpfalz gilt unter Historikern als das »Ruhrgebiet des Mittelalters«.

> *»Nürnberger Tand geht durch alle Land!«*
>
> (mittelalterlicher Werbeslogan, erdacht von den damals als besonders findig geltenden Nürnberger Kaufleuten)

Aber der Aufschwung hatte auch seine Schattenseiten. So wehrten sich mancherorts die Anwohner gegen den Bau von Walkmühlen in ihrer Umgebung: Eine einzige dieser Filzmaschinen vernichtete etwa vierzig Arbeitsplätze. Aber der Fortschritt – mit all seinen Begleiterscheinungen – war nicht aufzuhalten. In manchen Gegenden entstanden Mühlenzentren, für die eigens Kanäle angelegt wurden. An anderen Orten kam die Flussströmung fast zum Stillstand, weil zu viele Mühlen zu dicht beieinander ans Ufer gebaut worden waren. Die Folge: Energieknappheit. Die Gier nach Eisen ließ den Bedarf nach Brennholz steigen; außerdem musste immer mehr Erz abgebaut werden – zulasten der Umwelt. Schon damals begann der erbitterte Streit zwischen Fortschrittsgläubigen und Umweltschützern.

> *»Durch das Schürfen nach Erz werden die Felder verwüstet ... Wälder und Haine werden umgehauen ... Durch das Niederlegen der Wälder und Haine aber werden die Vögel und andre Tiere ausgerottet, von denen sehr viele den Menschen als feine und angenehme Speise dienen. Die Erze werden gewaschen; durch dieses Waschen aber werden, weil es die Bäche und Flüsse vergiftet, die Fische entweder aus ihnen vertrieben oder getötet.«*
>
> (der Ingenieur Agricola, Anhänger des Fortschritts, gibt 1556 in seiner Schrift »De Re Metallica« die Argumente von Bergbaugegnern wieder)

Während Arbeiter an den Hochöfen schwitzten, machten sich Geistliche Gedanken über ein ganz anderes Feuer: das Hölleninferno. Die Kirchenmänner waren sich sicher, dass die reinsten und besten Menschen am Ende ihres Lebens gleich ins Paradies eintraten, während die besonders bösen Sünder nach dem Ableben direkt zur Hölle fuhren. Wer hingegen lediglich einige leichtere Sünden begangen und vor seinem Tod noch nicht dafür gebüßt hatte, musste zwischen seinem Tod und der Erlösung im Himmelreich irgendwo anders eine Läuterung durchmachen. Man ersann, quasi als Hölle auf Zeit, das Fegefeuer.

Darunter stellten sich die Theologen einen Ort mit unerträglicher Hitze vor, an dem man größte körperliche Qualen litt – was allerdings nicht der Bestrafung, sondern der Reinigung dienen sollte.

> *»Diejenigen, die mit gewissen Sünden behaftet aus diesem Leben scheiden, ... müssen so eine Zeitlang leiden, damit sie gereinigt werden. Der Ort, an dem man diese Strafe erfährt, ist nicht festgelegt ...«*
>
> (der Theologe Hugo von St. Victor im 12. Jahrhundert)

Nicht ganz so heiß wie die Hölle, aber doch heiß genug stellte sich ein französischer Buchmaler aus dem 14. Jahrhundert das Fegefeuer vor.

Neben dem Fegefeuer erdachten die Geistlichen im 12. Jahrhundert auch die Vorhölle: An diesen Ort am Rand der Hölle kamen Säuglinge, die ungetauft gestorben waren – denn ungetauft konnte man nicht in den Himmel kommen. Im 13. Jahrhundert hatten es die Ideen von Fegefeuer und Vorhölle aus den Gelehrtenstuben auf die Kanzeln der Priester geschafft und waren zu einer unumstößlichen Wahrheit geworden. 1439 wurde schließlich die Existenz des Fegefeuers zum kirchlichen Dogma erhoben, das noch heute in der katholischen Kirche gilt.

Anders erging es der Vorhölle: Papst Benedikt XVI. schaffte diese mittelalterliche Erfindung im Jahr 2007, rund 800 Jahre nach ihrer Entstehung, wieder ab. Sie ist nach Ansicht einer internationalen katholischen Expertenkommission heute lediglich noch eine »mögliche theologische Hypothese«.

Tipps zum Weiterlesen:

Chiara Frugoni: Das Mittelalter auf der Nase, München 2003. Eine Zusammenstellung der zahlreichen kleinen und großen mittelalterlichen Erfindungen – und der Geschichten, die dahinter stehen.

Andreas Venzke: Johannes Gutenberg. Der Erfinder des Buchdrucks und seine Zeit, München 2000. Ausführliche Biografie, die auch mit einigen Mythen über den »Jahrtausend-Mann« aufräumt.

12

Lust und Liebe

Fromme Wünsche, nackte Tatsachen

Kein Tag vergeht, ohne dass ein neues Umfrageergebnis zum Thema Sex in der Zeitung steht: Wir wissen, wie viele Männer ihre Partnerin schon einmal betrogen haben (nämlich angeblich 36 Prozent), wie viele Frauen eifersüchtig sind (57 Prozent) und worüber sich Paare am häufigsten streiten (den Haushalt). Wer will, kann nachlesen, dass der Liebesakt Erfurter Männer am längsten dauert (13 Minuten und 6 Sekunden), wie lange Frauen auf Sex verzichten würden, wenn sie dafür einen vollen Schrank mit neuen Kleidern bekämen (15 Monate), und wie viele Männer auf Sex verzichten würden, wenn sie dafür nie wieder arbeiten müssten (10 Prozent).

Hätte es doch im Mittelalter schon Meinungsumfragen gegeben! Darüber, wie die Menschen damals geliebt haben, weiß man leider wenig. Die meisten Informationen stammen ausgerechnet aus den Schriften der Kirchenmänner. Es entbehrt nicht einer gewissen Ironie, dass gerade die Geistlichen, die sich ja der Keuschheit verschrieben hatten, am meisten über Sex schrieben und diskutierten. Denn als Beichtväter erfuhren sie eine Fülle an intimen Details. Und fleißig wandelten sie das, was ihnen von den »Sündern« zugeflüstert wurde, in Verbote und Regeln um ...

Was war nach dem Gesetz der Kirche verboten?

a) Sex am Sonntag

b) Sex ohne Leidenschaft

c) unbekleidet miteinander zu schlafen

Tatsächlich war es streng verboten, am Sonntag, dem Tag des Herrn, Sex zu haben. Damit nicht genug: Auch an Feiertagen, in der 40-tägigen Fastenzeit vor Ostern und während weiterer längerer Zeiträume im Jahr war die körperliche Liebe untersagt.

Christliche Paare, die sich an verbotenen Tagen trotzdem einander zuwandten, mussten mit dem Schlimmsten rechnen: Man ging davon aus, dass in solchen Momenten mit Lepra infizierte

Dieses Ehepaar empfängt sein Kind nicht durch körperliche Liebe, sondern von der Heiligen Dreifaltigkeit.

Kinder gezeugt wurden. Auch Missbildungen oder Totgeburten erklärte man mit verbotenem Sex. Enthaltsamkeit wurde von der Kirche überdies auch in der Schwangerschaft und Stillzeit sowie während der Menstruation gefordert. Ohnehin konnte häufiger Verkehr nach Ansicht vieler Theologen äußerst schädlich sein: Die ungezähmte Lust führte ihrer Meinung nach zu Erblinden oder zu einer Schrumpfung des Gehirns.

> *»Bis zum Klopfen der Matutin [dem Nachtgebet der Mönche] hat er [ein alter Mönch] eine schöne Dame sechsundsechzig Mal begehrt. Aber am Morgen lag er krank im Bett und ist noch am gleichen Tag gestorben. Und weil er ein Adliger war, wurde sein Körper geöffnet. Und man fand, dass sein Gehirn ganz ausgeleert war, sodass von ihm nur die Größe eines Granatapfels übriggeblieben war, und die Augen waren genauso vernichtet.«*
>
> (der berühmte Kirchenlehrer Albertus Magnus im 13. Jahrhundert über die Folgen ausufernder Lust)

Erlaubt beziehungsweise üblich war es hingegen, nackt Sex zu haben – denn im Mittelalter schliefen die Menschen ohnehin unbekleidet. Erst im 16. Jahrhundert kamen in Italien die ersten Nachthemden auf und waren noch lange Zeit Sache der Oberschicht. Im 19. Jahrhundert schliefen viele Paare schließlich nur noch bekleidet miteinander; in den Nachtgewändern waren für diesen Zweck Öffnungen an den entsprechenden Stellen vorgesehen.

Nicht nur erlaubt, sondern von der Kirche geradezu erwünscht war im Mittelalter Sex ohne Leidenschaft. Nach Ansicht mancher Theologen war dies sogar die einzige Möglichkeit, Geschlechtsverkehr zu haben, ohne eine Sünde zu begehen. Denn selbst zwischen Verheirateten und sogar, wenn er nur der Fortpflanzung diente, galt Sex als Sünde. In letzterem Fall war man zwar bereit, ein Auge zuzudrücken – gebeichtet werden musste die Angelegenheit trotzdem. Schwerer wog es, wenn man sich aus reiner Leidenschaft einander zuwandte. Grund für diese rigide Lustfeindlichkeit der Kirche war die Ansicht, dass jeglicher Sieg des Triebes über die Vernunft Sünde sei. Nur wem es gelang, beim Akt seine Gefühle auszuschalten, hatte keine Schelte des Priesters zu befürchten.

> *»Wenn ein heiliger Mann ... seine Frau erkennt und ihm die hierbei auftretende Lust ... keineswegs gefällt, vielmehr verhasst ist, dann ist dieser Verkehr ohne Sünde. Doch das kommt selten vor.«*
>
> (Idealvorstellung des Geschlechtsverkehrs, überliefert vom französischen Geistlichen Wilhelm von Auxerre, gest. 1231)

Allerdings kann man ziemlich sicher sein, dass in den meisten Fällen die Ansprüche der Kirche und die gelebte Wirklichkeit weit auseinanderklafften. Wir wissen nicht, wie sehr die Gebote die Gedanken der Menschen beherrschten – und wie groß das schlechte Gewissen war, wenn eines übertreten wurde. Aber auf jeden Fall musste so mancher festgelegte Bußbeträge für sexuelle Fehltritte zahlen ...

Der Umgang der mittelalterlichen Menschen mit der Sexualität hatte allerdings oft genug auch vergleichsweise profane Gründe. Dazu zählten die vorherrschenden Wohnverhältnisse: Nicht selten teilte sich die ganze Familie ein Schlafzimmer, wenn nicht gar das Bett. Auch das oft enge Zusammenleben mit vielen Tieren sorgte dafür, dass Jugendliche des Mittelalters wohl kaum noch extra aufgeklärt werden mussten. Von einer unverkrampften Haltung gegenüber dem Geschlechtlichen zeugen heute noch einige Familiennamen: Mancher Zeitgenosse war für seine beeindruckenden körperlichen Merkmale oder sein aktives Liebesleben in der Dorfgemeinschaft offenbar so bekannt, dass er danach benannt wurde – etwa der Urahn von Familie Wackernagel oder von Familie Reckzeh ebenso wie ein Vorfahr von William Shakespeare (»Schwing-den-Speer«).

Die Verbote der Kirche verloren sicher auch wegen der Möglichkeit, sich durch Buße von allen Sünden reinzuwaschen, einiges von ihrer Durchsetzungskraft. Allerdings konnte dies unangenehm werden. In minder schweren Fällen genügte es vielleicht, sich neben der Zahlung eines Bußgeldes drei Tage von Wasser und Brot zu ernähren oder mit einer brennenden Kerze in der Hand mehrmals um die Kirche zu gehen. Peinlicher war es, wenn man in der Öffentlichkeit ein Bußgewand anziehen oder sich gar an den Pranger stellen musste. Und für besonders schwere Sünden konnte der Priester seinem Beichtkind schon mal eine mehrjährige Enthaltsamkeit auferlegen oder ihn eine Zeit lang exkommunizieren.

Frauen standen unter Generalverdacht: Man wähnte sie ständig der Verführung durch Teufel und Dämonen ausgesetzt. Die Skulptur an der Kathedrale von Chartres aus dem 13. Jahrhundert versinnbildlicht diese Angst der Männer.

Frauen wurden dabei weitaus strenger beurteilt als Männer. Während man dem männlichen Geschlecht eher zugestand, die Kontrolle über die eigenen Triebe zu verlieren, war von Frauen strengste Sittsamkeit gefordert. Manche Theologen rieten sogar dazu, dass ein Mann seine Frau gar nicht aus dem Haus gehen lassen sollte – schon allein der Blick aus dem Fenster könne sie in Versuchung führen, etwas Verbotenes zu tun.

»Sie lacht, um zu sehen, ob ihr das Lachen steht ..., sie schließt die Augen, ob sie so oder mit weit aufgerissenen Augen besser gefallen wird, sie lässt das Kleid nach einer Seite hin offen, um die Haut vorscheinen

zu lassen ... Ihr Körper ist wohl noch im Haus, aber ihre Seele ist im Angesicht Gottes bereits in einem Hurenhaus, herausgeputzt wie eine Hure, die sich anschickt, die Seelen der Männer zu verwirren.«

(der Franziskaner Gilbert von Tournai im 13. Jahrhundert in einer Predigt über junge Frauen, die sich im Spiegel betrachten)

Als »unzüchtig« galt jede Form weiblicher Eitelkeit, etwa sich die Wangen rot zu schminken oder ein übersteigertes Interesse an Schmuck und schönen Kleidern zu zeigen. Aber auch diesbezüglich wurden die Vorstellungen der Kirche nicht von allen umgesetzt ...

Was trugen Frauen Ende des 15. Jahrhunderts, um Männerblicke auf sich zu lenken?

a) High Heels

b) Reizwäsche, deren Spitze unter den Kleidern hervorschaute

c) Push-up-Kissen für den Po

Das weibliche Hinterteil war wahrscheinlich schon seit Urzeiten ein Magnet für Männerblicke, deshalb wurde es in der Mode auch immer mal wieder besonders stark betont. Aber erst um 1700 setzte sich erstmals der sogenannte Cul de Paris (der Pariser Hintern) durch, ein dickes Polster, das Frauen hinten unter dem Rock trugen. Die Frauen im Mittelalter dagegen betonten vor allem die Taille. Im 14. Jahrhundert zog sich der Ärmelausschnitt mancherorts so weit herunter, dass er den Blick auf die Taille gänzlich freigab – von zornigen Geistlichen »Teufelsfenster« genannt.

Und auch Reizwäsche war im Mittelalter noch kein Thema, denn Frauen trugen damals sowieso keine Unterwäsche, bestenfalls ein langes Hemd. Die Unterhose für Damen etwa kam erst mit dem Beginn des 19. Jahrhunderts auf – übrigens in Form von weiten Beinkleidern, die im Schritt offen waren.

Tatsächlich gab es aber die sogenannte Chopine, ein Schuh mit einem bis zu 75 cm hohen Absatz, auf dem reiche Damen vom Ende des 15. Jahrhunderts (und noch bis ins 17. Jahrhundert) durch die Straßen vor allem Italiens, Frankreichs und Englands schwankten. Riesinnen gleich blickten sie auf ihre Mitbürger herab – auf beiden Seiten allerdings von Dienerinnen gestützt, denn allein gehen konnten sie mit diesen Vorläufern der Plateauschuhe nicht. Der Absatz war übrigens ein vorne und hinten gleich hoher Block – erst viel später kamen die Schuhmacher darauf, dass es das Laufen vereinfacht, wenn der Schuh nach vorne flacher wird. Die Absätze der Chopinen waren aus Kork, die Oberteile glichen Pantoffeln und bestanden aus Samt oder Seide.

Was die mittelalterlichen Schuh-Designer den Frauen mit dieser exzentrischen Mode sagen wollten, wird wohl ein Rätsel bleiben. Zumindest konnten die Frauen damit nicht heimlich zu irgendwelchen Rendezvous gehen – und natürlich auch nicht tanzen. Die gerade bei der Jugend beliebten Tanzveranstaltungen betrachteten manche sittenstrenge Männer nämlich mit großem Argwohn.

> *»In der neuesten Zeit vertreiben Flöten und Trompeten zusammen mit ihrem Krach die sittsamen Fiedeln von den Festveranstaltungen, und zu dem lautstarken Getöne springen die Mädchen um die Wette, indem sie wie Hirschkühe die Hinterkeulen grob und unanständig bewegen.«*
>
> (der Regensburger Gelehrte Konrad von Megenberg im 14. Jahrhundert)

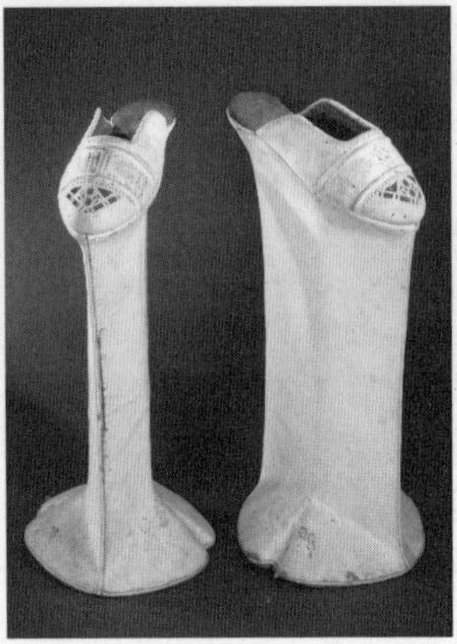

Auf solchen »Pumps« stöckelten die Italienerinnen um 1600 durch die Straßen – die Absätze waren bis zu 75 cm hoch.

Ganz falsch dürfte das Misstrauen vor allem vieler Geistlicher gegenüber Tanzveranstaltungen nicht gewesen sein. Denn auch, wenn man sich nur mit den Fingerspitzen berühren durfte: Für die damalige Zeit war das schon eine ganze Menge und eröffnete ein erhebliches Flirtpotenzial. Und entgegen den kirchlichen Vorschriften erfreuten sich durchaus auch unverheiratete Paare aneinander. Was dann geschehen konnte (oder sollte), war und ist bekannt – und auch die Literatur des Mittelalters sparte nicht an zuweilen deftigen Beschreibungen des Liebesakts.

»Probiere denn, o Mägdelein, mein Männlichsein:
das der Alten ist ganz klein und fällt gleich ein,
das der Jünglinge allein ist hart wie Stein;
wird ein gutes Werkzeug sein,
verständig sein und wendig sein,
schmiegsam sein und biegsam sein,
geschäftig sein und kräftig sein,
gelehrig sein, willfährig sein, Cäcililein,
und was dir derlei mehr fällt ein.«

(aus der berühmten Liedersammlung »Carmina Burana« aus dem 11. und 12. Jahrhundert, die 1935/36 von Carl Orff vertont wurde)

Wagemutige unverheiratete Liebespaare mussten allerdings vorsichtig sein, denn überall lauerten mögliche Denunzianten. Deshalb trafen sie sich oft genug an geheimen Orten. Ausgerechnet in der Kirche soll es dabei häufig zu Tête-à-Têtes gekommen sein. Schließlich waren die Gotteshäuser den größten Teil des

Auch in Barcelona wollten die Damen hoch hinaus, wie dieses Bild einer Straßenszene von 1529 beweist. Beim Gehen mussten sie sich allerdings helfen lassen.

Tages leer, außerdem dunkel und verwinkelt. Um eine Schwangerschaft zu vermeiden – unverheiratet ein Kind zu bekommen, war zumindest für eine Frau die größtmögliche Schande – wusste man sich aber zu helfen ...

Was kam im Mittelalter nicht als Verhütungsmittel zum Einsatz?

a) ein mit Essig getränkter Schwamm

b) regelmäßig einzunehmende Tabletten mit pflanzlichen Hormonen

c) die Hoden eines Wiesels

Verhütung war strengstens verboten und wurde von manchen Kirchenmännern gar mit Mord gleichgesetzt. Trotzdem wurde sie praktiziert – was man auch daran erkennen kann, dass dafür schwere Bußen festgelegt waren. Wie verbreitet und tief gehend die Kenntnisse waren, weiß man allerdings nicht. Aber sicher gab es keine Tabletten mit pflanzlichen Hormonen.

Es muss aber wirksame Verhütungsmethoden gegeben haben – wie sonst hätten zum Beispiel Prostituierte, die in den Städten sogar eigene Zünfte bildeten, ihrer Arbeit nachgehen können? Und dazu zählte eben auch die Methode, dass die Frau einen mit Essig getränkten Schwamm einführte; die Säure tötete dabei die Spermien ab. Ebenfalls als Verhütungsmittel im Einsatz – aber natürlich völlig wirkungslos – waren die weitverbreiteten Amulette mit tierischen Bestandteilen, die Frauen zur Empfängnisverhütung empfohlen wurden. Darunter oft die abgeschnittenen Hoden männlicher Kleintiere.

> *»Nimm ein männliches Wiesel und lass seine Hoden entfernen und setze es anschließend wieder lebend in Freiheit. Lass die Frau diese Hoden, welche in die Haut einer Gans oder eines anderen Tieres gewickelt werden sollen, an ihrer Brust tragen, dann wird sie nicht empfangen.«*
>
> (Verhütungsratschlag der Trotula, einer Heilkundigen des 12. Jahrhunderts aus Salerno)

Ob es zu dieser Zeit schon Kondome gab, darüber streiten sich die Historiker. Sicher ist, dass gegen Ende des Mittelalters, als die Syphilis erstmals über Europa hereinbrach, zum Schutz Kondome aus Tierdärmen, dünnem Leder oder weichen Stoffen verwendet wurden. Im früheren Mittelalter dürften sie aber eher die Ausnahme gewesen sein.

Ohnehin waren die Menschen insgesamt mehr um Fruchtbarkeit als um Unfruchtbarkeit bemüht: Wegen der hohen Kindersterblichkeit wünschte man sich viele Kinder. Und zur Steigerung

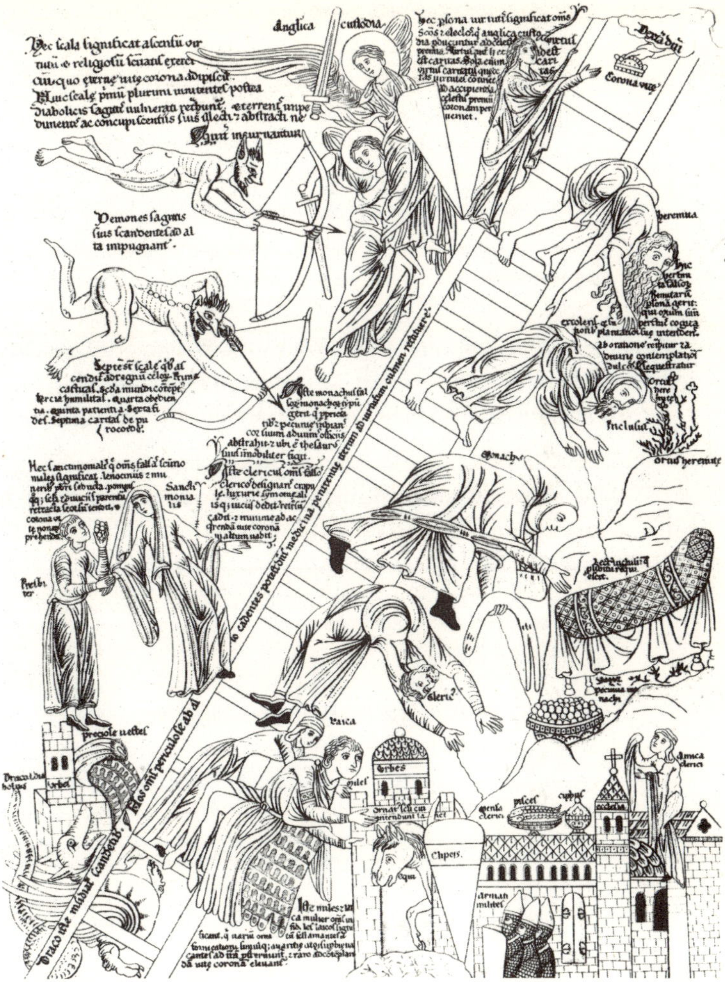

Ach, wie leicht stürzt man von der »Tugendleiter«! Die Äbtissin Herrad von Landsberg zeichnete um 1170 die Stufen Keuschheit, Weltverachtung, Demut, Gehorsam, Geduld, Glaube und Liebe.

von Fruchtbarkeit (und Lust) wurden neben pflanzlichen Mitteln häufig tierische Organe und Körperteile verwendet, um – mehr oder weniger wirksame – Aphrodisiaka herzustellen.

> *»Und wenn ein Ehemann ein gedörret Taubenhertz zu Pulver gemacht, seinem Weibe zu essen gebe, so sey er ihrer Gegenliebe versichert.«*
>
> (ein weiterer Rat des Kirchenlehrers Albertus Magnus im 13. Jahrhundert)

Eine Frau, die keine Kinder bekam, wurde übrigens oft von ihrem Mann verstoßen und zu ihrer Familie zurückgeschickt. Aber lag »das Problem« wirklich immer bei ihr?

Wie wurde die vermeintliche Impotenz eines Mannes vor Gericht nachgewiesen?

a) gar nicht – er brauchte sich dafür nicht zu rechtfertigen.

b) Prostituierte überprüften seine Fähigkeiten im Praxistest.

c) Der Geschlechtsakt musste vor den Augen des Richters ausgeübt werden.

Beschuldigte eine Frau ihren Mann der Impotenz, wurde das sehr ernst genommen. Richter konnten die Überprüfung offiziell anordnen. Tatsächlich wurde dafür in manchen Fällen eine Prostituierte engagiert, die sich selbst von den körperlichen Fähigkeiten des Mannes überzeugen sollte. Auch wurden häufig Hebammen vom Gericht als Zeuginnen abgestellt, die dem Paar ins Schlafgemach folgten, um den Vorwürfen der Frau auf den Grund zu gehen. Die Richter selbst waren dabei allerdings nicht anwesend.

Ebenso wenig richtig ist, dass sich der Mann nicht rechtfertigen musste. Vielmehr machte er sich des Betrugs an seiner Frau schuldig, schließlich hatte diese nach mittelalterlicher Auffassung ein Recht auf Kinder. Eine kinderlose Ehe gehörte zu den wenigen Fällen, in denen Ehen annulliert werden durften. Eigentlich hatte die Kirche seit 1215 die Ehe zum Sakrament erhoben und ihre Unauflöslichkeit bestimmt. Gleichzeitig waren alle anderen Formen der Ehe verboten worden – etwa die Bigamie und die sogenannte Kebsehe, bei der ein Grundherr beliebig viele leibeigene Frauen zu einem eheähnlichen Verhältnis zwingen konnte.

Die Kirche dagegen forderte beim Heiraten ausdrücklich die freie Partnerwahl. Allerdings war es damit in der Wirklichkeit nicht weit her. Im Normalfall wurde eine Heirat von den Familien des Ehepaars vereinbart – oft wenn diese noch Kinder waren. (Auch heutzutage werden übrigens noch sechzig Prozent der Ehen in aller Welt arrangiert.) Bei der Wahl des passenden Ehepartners für Sohn oder Tochter zählten vor allem wirtschaftliche Argumente, etwa die Möglichkeit, Ländereien zusammenzulegen. Und vor der Hochzeit war ein Ehevertrag üblich. Man einigte sich über die Höhe der sogenannten Morgengabe – das waren Besitztümer, die der Mann seiner frisch Angetrauten am Morgen nach der Hochzeitsnacht übergab. Da die Frau nach dem Tod ihres Mannes nichts erbte, sondern statt-

Tristan und Isolde als leidenschaftliches Liebespaar: Mit der Zeichnung illustrierte Theodor Pixis 1890 die berühmte Oper von Richard Wagner, die auf eine mittelalterliche Sage zurückgeht.

dessen der Erstgeborene alles bekam, war die Morgengabe gewissermaßen ihre Witwenrente und deshalb von großer Bedeutung. Bei Adligen konnte die Morgengabe sogar aus ganzen Dörfern oder Burgen bestehen. Umgekehrt erhielt der Mann eine Mitgift. Und natürlich hingen die Chancen einer Frau, einen reichen Mann zu heiraten, zu einem großen Teil von der Höhe ihrer Aussteuer ab.

> *»Alle Schafe und Gänse, Kästen mit gewölbten Deckeln, alles Garn, Betten, Pfühle, Kissen, Leinenlaken, Tischlaken, Tücher, Badelaken, Becken und Leuchter, Leinen und alle weblichen Kleider, Fingerringe und Armreifen, Kopfputz, Psalter und alte Bücher, die zum Gottesdienst gehören, Sessel und Kisten, Teppiche, Vorhänge und Wandteppiche und alles Bandzeug. Dies ist, was zur Frauenaussteuer gehört.«*
>
> (Aufzählung möglicher Beigaben zur Aussteuer im »Schwabenspiegel«, einem Rechtstext aus dem 13. Jahrhundert)

Die Frau ging übrigens samt ihrer Aussteuer gleich mit in den Besitz des Mannes über: Er war ihr Vormund, sie hatte keine eigenen Rechte. Die einzige Möglichkeit, einer ungewollten Ehe zu entgehen, war – sowohl für Männer als auch für Frauen – die Entscheidung für ein Leben im Kloster.

Aber es gab auch echte Liebesheiraten. Ein rares Zeugnis aus einem solchen Ehealltag liefert uns das Tagebuch des Burkart Zink: Als Angestellter eines Kaufmanns hatte er sich erdreistet, im Jahr 1420 dessen arme Magd Elisabeth zu heiraten. Der Kaufmann feuerte ihn daraufhin, das Paar aber wurde durch diese Not erst recht zusammengeschweißt. Elisabeth verdiente den Lebensunterhalt durch Spinnen mit, während ihr Burkart Lohnschreiber bei einem Geistlichen wurde. »Mein Burkart, gehab dich wol und verzag nit, lass uns ainander helfen, wir wöllen wol auskommen«, machte ihm Elisabeth Mut.

»Doch seien wir oft bei ainander gesessen die gantzen nacht und gieng uns gar wol und gewunnen was wir bedorften.«

(Erinnerung im Tagebuch des Lohnschreibers Burkart Zink an die erste Zeit der Ehe)

Romantik und große Leidenschaft kannte auch die Literatur des Mittelalters. Etwa die Geschichte von Tristan und Isolde, von der die ersten Fragmente bereits aus dem 6. Jahrhundert stammen. Tristan sollte die schöne Königstochter Isolde von Irland zu ihrem zukünftigen Ehemann bringen, dem König von Cornwall. Auf der Reise verliebten sie sich so sehr ineinander, dass sie alle gesellschaftlichen und kirchlichen Schranken übertraten.

»›Ihr allein und Eure Liebe
habt mir die Sinne ganz und gar verwirrt und geraubt.
Ich bin vom Wege abgekommen
So sehr und weit,
dass ich nicht mehr zurückfinde.
Mich schmerzt und bedrückt,
mir erscheint unwert und zuwider
alles, was ich sehe.
Nichts auf der Welt liebe ich so innig wie Euch.‹ –
Isolde sage: ›Herr, genauso geht es mir mit Euch.‹«

(Tristan und Isolde gestehen sich ihre Liebe, nachdem sie unwissentlich einen Liebestrank zu sich genommen haben)

Ihre Liebe nimmt allerdings ein böses Ende – beide sterben. Aber die viel erzählte Geschichte hat sicher die Fantasie der Menschen im Mittelalter beflügelt, wenn die großen Gefühle im Alltag zu wünschen übrig ließen. Und noch immer bewegt der Stoff die Gemüter von Musikfans in aller Welt: Verarbeitet von Richard Wagner in seiner gleichnamigen Oper, hat sich in ihr der Zauber einer der schönsten Liebesgeschichten des Mittelalters mehr als 1000 Jahre erhalten.

Tipps zum Weiterlesen:

Ruth Mazo Karras: Sexualität im Mittelalter, Düsseldorf 2006. Eine übersichtlich gegliederte und umfängliche Zusammenfassung des heutigen Wissens über die mittelalterliche Liebe.

Gottfried von Straßburg: Tristan und Isolde, Frankfurt am Main 2008. Eine der berühmtesten Liebesgeschichten aller Zeiten – wegen der Versform gewöhnungsbedürftig, aber lohnenswert.

13

»... nach Jahr und Tag«

Das freie Leben in der Stadt

Fast jeder Städter sehnt sich wohl hin und wieder nach der Idylle des Landlebens, abseits von Berufsverkehr, betonierten Flächen und den immer gleich aussehenden Fußgängerzonen. Aber für die meisten bleibt die Flucht ins Grüne ein Traum: Laut Bundesamt für Bauwesen und Verkehr wohnen 76 Prozent der Deutschen in der Stadt. Ganz anders im Mittelalter: Damals träumten viele Menschen vom Umzug in die Stadt – aber nur die wenigsten entkamen dem Landleben. Nur einem Zehntel gelang es damals, sich hinter der Stadtmauer niederzulassen ...

Welche Stadt hatte um 1450 die meisten Einwohner?

a) Peking

b) Paris

c) Köln

Die chinesische Hauptstadt Peking, die heute mehr als 15 Millionen Einwohner hat, war schon im Mittelalter eine Millionenstadt – und damit wohl auch die größte Stadt der damaligen Welt. Dagegen wirkten Europas mittelalterliche Metropolen geradezu bescheiden: Paris als die größte hatte Mitte des 15. Jahrhunderts geschätzte 200.000 Einwohner. Köln hingegen, die größte deutsche Stadt im 15. Jahrhundert, brachte es auf rund 40.000 Menschen – eine Zahl, die sich bis zum Beginn des 19. Jahrhunderts übrigens nicht grundlegend ändern sollte. (Und selbst das von den Römern gegründete »Colonia Claudia Ara Agrippinensium« hatte bereits um 50 vor Christus rund 30.000 Einwohner.) Auch in deutschen Städten wie Lübeck, Nürnberg, Frankfurt am Main oder Regensburg lebten weit mehr als 10.000 Menschen; häufiger aber waren mittelgroße und kleinere Städte mit weniger als 2.000 bis 10.000 Einwohnern.

Die Städte lockten im Lauf der Mittelalters immer mehr Menschen an, denn im Gegensatz zum Leben auf dem Land boten sie einen entscheidenden Vorteil: die Freiheit. Als Städter verfügte man selbst über seinen Besitz und sein Erbe, konnte den Ehepartner frei wählen und umziehen, wenn man es wollte. Das war keineswegs selbstverständlich – denn auf dem Land war man das Eigentum des Feudalherrn, der über das Leben seiner Untertanen nach eigenem Gutdünken schalten und walten konnte. Wer vor dieser Herrschaft in die Stadt floh, musste bloß noch hoffen, über den Zeitraum von einem Jahr und einem Tag von seinem Herrn nicht gefunden zu werden – so lautete die allgemeine Regel.

> »*Wer aber über Jahr und Tag in der Stadt gewohnt hat, ohne dass irgendein Herr ihn als seinen Leibeigenen gefordert hat, der genießt von da an sicher und unangefochten die Freiheit.*«
>
> (aus der Freiburger Gründungsurkunde von 1120)

Über die Städte regierte kein Feudalherr, sondern der Rat, der von den Bürgern der Stadt gewählt wurde. Dies war etwas ganz Neues: Die Städte entstanden erst seit dem 11. Jahrhundert in West- und Mitteleuropa. Zwar gab es noch zahlreiche Orte aus der Römerzeit, aber Adlige oder Bischöfe herrschten über diese Siedlungen. Sie waren es gewohnt, Erbteile der Bewohner zu fordern, kassierten Zölle für gehandelte Waren, forderten Abgaben – etwa für den Wegzug aus einer Stadt – und verheirateten reiche Bürgertöchter, um an deren Besitz zu kommen, gerne mal an die eigenen Familienangehörigen.

Ausreichendes Sitzfleisch war erforderlich, wenn man eine der stundenlangen Ratssitzungen durchstehen wollte.

Aber Kaufleute und Handwerker wurden mit der Zeit vermögender und damit einflussreicher. Sie lebten nicht mehr von der Landwirtschaft, sondern hatten ihr eigenes, vom Grundbesitzer unabhängiges Geschäft. Je selbstbewusster sie wurden, desto weniger tolerierten sie, dass sich die Landesherren weiter in ihre Angelegenheiten mischten. Natürlich ließen sich diese ihre Rechte nicht einfach so nehmen: Oft mussten riesige Geldsummen gezahlt werden – was so manchem in wirtschaftlichen Schwierigkeiten steckenden Adligen ganz gelegen kam. Andere wollten nicht akzeptieren, dass sich der Wind gedreht hatte.

> *»Als dieser Heinrich [der Stadtherr von Neuenburg], in der Absicht, des anderen Tages den Treueeid von seinen Leuten zu empfangen, nach Neuenburg kam, entehrte er am Abend die Frau eines Bürgers, weshalb sich die Neuenburger weigerten, ihm zu huldigen.«*
>
> (der Chronist Matthias von Neuenburg, der von 1295–1364 lebte)

Und manchmal half nur Krieg: In der französischen Stadt Amiens etwa dauerte zu Beginn des 12. Jahrhunderts der Kampf vier Jahre, bis die Bürger den mächtigen Turm des Stadtoberhaupts endlich einnehmen konnten. Dafür hatten sie das Bauwerk belagern und mit Steinhagel angreifen müssen. In anderen Fällen überließen die feudalen oder kirchlichen Herren den Städten ihre Rechte freiwillig. Dies war nicht zu ihrem Schaden, schließlich entstanden so Handelszentren, von deren Reichtum wiederum das ganze Land profitierte.

Neben der persönlichen Freiheit bot die Stadt aber auch Schutz vor Kriminalität – man konnte beispielsweise vor Gericht gegen Übeltäter klagen. Und wenn ein Bürger außerhalb der Stadt in Schwierigkeiten geriet, versuchte der Rat bisweilen sogar, ihn freizukaufen.

»Wenn jemand außerhalb der Stadt etwas verbrochen hat und aus Furcht wegen seiner Schuld in die Stadt flüchtet, soll er dort sicher sein. Keiner lege gewaltsam Hand an ihn, gleichwohl soll er willig und bereit sein, vor Gericht zu erscheinen.«

(aus dem Straßburger Stadtrecht von 1131)

Die Bürgerrechte, die unter anderem das Wahlrecht für den Stadtrat garantierten, konnte aber nicht jeder erwerben: Ausgeschlossen waren zum Beispiel Juden und Arme. Um ein echter Bürger zu werden, musste man einen bestimmten Betrag zahlen und einen Treueeid gegenüber dem Rat schwören. Oft kam eine Art Probezeit in einem Vorort der Stadt hinzu. Vom angehenden Bürger wurde außerdem gefordert, dass er ein gewisses Vermögen besaß, ein Handwerk beherrschte oder einen Handel betrieb. Bürger mussten eigene Waffen besitzen, deren Vorhandensein von Zeit zu Zeit von Ratsmitgliedern kontrolliert wurde – schließlich sollte man allzeit bereit sein, die Stadt vor Feinden zu verteidigen. Außerdem gehörte es zu den Bürgerpflichten, Steuern zu zahlen.

Während in den meisten Städten der Steuersatz für jeden Bürger offiziell errechnet wurde – zum Beispiel in Konstanz, wo der Betrag ordentlich in Bücher eingetragen wurde –, vertraute man beispielsweise in Nürnberg darauf, dass die Bürger die Stadt nicht betrogen: Die Höhe der Vermögenssteuersätze wurde dort öffentlich bekannt gegeben; danach hatten die Bürger den für sie geltenden Betrag selbst auszurechnen und – ohne kontrolliert zu werden – in einen Kasten zu werfen. All jene, die heute ihr Geld in Liechtenstein verstecken, werden über so viel Gutgläubigkeit und Anständigkeit von Steuerzahlern wohl nur lachen ...

Steuern waren schon im Mittelalter eine enorm wichtige Einnahmequelle für die Gemeinden. Ähnlich wie heute wurden davon der Unterhalt öffentlicher Einrichtungen, Baumaßnahmen und städtische Dienste wie Nachtwächter bezahlt. Auch der Bau der Stadtmauer war eine kostspielige Angelegenheit. Dieses aufwendige Bauwerk markierte die Stadtgrenze, diente aber auch dem Schutz vor Eindringlingen: Immer wieder kam es vor, dass eine Stadt belagert wurde. Feindliche Armeen griffen mit hölzernen Türmen auf Rädern, Rammböcken oder Mauerbrechern an. Ob die Mauer hielt, hing davon ab, wie viel Geld und Arbeit die Bürger in sie gesteckt hatten. Viele Städte glichen von außen einer einschüchternden Festungsanlage. Wer durch eines der Mauertore treten wollte, musste an den Wächtern vorbei. In der Stadt Krems hatte man zum Beispiel vor dem Tor die Sehne seines Bogens zu lösen; mit gespannter Armbrust durfte man nicht eintreten. Wer ein langes Messer unter der Kleidung verborgen hielt und erwischt wurde, verlor seine Hand. Nachts wurden die Tore verriegelt. Straßenlampen gab es nicht; wer im Dunkeln unterwegs war, mietete sich einen Fackelträger oder trug eine eigene Laterne bei sich.

Uneinnehmbar wie eine Festung: Die Stadtmauer – hier der Wall der Stadt Marseille beim Bau – schützte vor feindlichen Angriffen ebenso wie vor unwillkommenen armen Bauern, die sich in der Stadt niederlassen wollten.

Tagsüber herrschten hingegen Baulärm und Gebrüll in den Straßen – weil kaum jemand lesen konnte, war es sinnvoller, die Öffentlichkeit über jegliche Produkte und Neuigkeiten schreiend zu informieren, statt mit Plakaten darauf aufmerksam zu machen. Die Gassen waren aus Platzmangel dicht bebaut, krumm und verwinkelt. Jeder versuchte, durch Türmchen, Erker und Überhänge so viel Wohn- oder Lagerraum wie möglich zu schaffen. Oft waren auch die Keller bewohnt – von armen Familien oder Gesellen. Das Chaos sollten schon früh detaillierte Bauverordnungen eindämmen.

> *»Ohne seine Erlaubnis [des Richters] kann man mit Holz oder Stein drei Dielen hoch bauen, eine über die andere, die eine in der Erde, die anderen beiden darüber – unter der Bedingung, dass man kniehoch über der Erde eine Tür im unteren Gemach anlegt.«*
>
> (aus einer Bauvorschrift im Sachsenspiegel, um 1300)

Trotzdem wurde oft nach Gutdünken gebaut – viele Straßen wurden so eng, dass an ihrem Ende kein Wagen durchpasste ...

Was nutzten viele Menschen in den mittelalterlichen Straßen zur Fortbewegung?

a) Stelzen

b) Rollschuhe

c) Kickboards

Als etwas ungeschickter Erfinder der Rollschuhe gilt der Belgier Jean-Joseph Merlin. Er soll auf seiner Konstruktion Geige spielend in einen Spiegel gefahren sein und sich schwer verletzt haben – vor den Augen der englischen Königsfamilie. Das allerdings war im Jahr 1760, also lange nach dem Ende des Mittelalters. Kickboards – die moderne Weiterentwicklung des klassischen Tretrollers für Kinder – gibt es erst seit den 90er-Jahren des 20. Jahrhunderts. Für mittelalterliche Straßen wären sie aber gänzlich ungeeignet gewesen, denn die waren selten gepflastert. In regenreichen Zeiten sank man knietief ein. Eine übliche Entschuldigung für Verspätungen lautete denn auch, man sei im Morast stecken geblieben. Deshalb standen in vielen Haushalten Stelzen bereit: Wer mal eben über die Straße wollte, ohne sich Schuhe und Kleidung schmutzig zu machen, half sich mit den praktischen Holzstäben.

Anhand städtischer Gesetzbücher kann man erahnen, was damals alles auf die Straße gekippt wurde: Asche, tote Katzen, »totenstro« (Stroh, auf das Tote gebettet wurden) – oft genug stießen die Verbote, Derartiges auf der Straße zu entsorgen, auf taube Ohren.

»... [dass] niemand unflat auf die gassen soll schitten noch in kain weg, dass noch kain unflat bei kainem prun ausgewaschen noch kain unsaubers vich dazu treiben.«

(Bestimmung in einem Rechtstext aus dem österreichischen Gugging, 15. Jahrhundert)

Die lieben Nachbarn! Während die Hausfrau ihren Unrat auf den Herrn vorm Nebengebäude schüttet, zündet ein anderer gerade ihren Balkon an. Die Enge in der Stadt dürfte häufig für gereizte Stimmung untereinander gesorgt haben – nicht anders als heute.

Die Menschen, die ja ursprünglich alle vom Land kamen, waren es schlicht nicht anders gewöhnt. Dumm nur, dass die alten Sitten auf diesem engen Raum zu handfesten Problemen führten. Erst im späteren Mittelalter wurden Rinnen, später eingewölbte Kanäle für das Abwasser geschaffen. Aber auch das konnte die Bewohner von mehrstöckigen Mietshäusern nicht davon abhalten, ihre Nachttöpfe auf die Straße zu leeren, statt sich im Abort im Hof zu erleichtern. Hinzu kam der Mist der zahlreichen Tiere, die in der Stadt herumliefen: Hunde, Hühner, Schweine bevölkerten die Straßen – und fungierten dabei auch als lebende Müllabfuhr. Gerade die Schweine waren so zahlreich, dass sie häufig Verkehrsunfälle provozierten, bis ihre Haltung in den meisten Städten schließlich eingeschränkt wurde. Die Stadt roch wahrscheinlich oft genug schlicht nach Bauernhof ...

Bis ins Spätmittelalter wurden die Häuser meist aus Holz und Lehm gebaut und mit Stroh gedeckt. Fensterglas gab es in normalen Wohnhäusern kaum; meist waren die Öffnungen mit Tierblasen oder dünnen Leinentüchern verkleidet. Zum Heizen brannte oft ein offenes Feuer im Raum. Kein Wunder, dass die Holzbauten oft in Brand gerieten – und wegen der engen Bebauung blieb es dann selten bei einem einzelnen Haus. Brach tatsächlich ein Feuer aus, schlugen Turmwächter Alarm. Jeder Bürger war verpflichtet, sofort zu Hilfe zu eilen – mit dem eigenen Ledereimer, den man in der heimischen Stube aufzubewahren hatte. In Leipzig erhielt derjenige, der zuerst an der Brandstelle ankam, sogar eine Geldprämie. Auf der anderen Seite musste man mit Bußgeldern rechnen, wenn man ohne akzeptable Entschuldigung dem Löschen fernblieb. Bestimmte Handwerkergruppen waren überdies verpflichtet, Wagen oder Leitern für den Fall der Fälle bereitzuhalten; mit Vorrichtungen an den Brunnen konnten Wassergefäße schneller befördert werden.

Trotzdem mussten die Städter im Mittelalter oft genug hilflos mit ansehen, wie ganze Straßenzüge in Flammen aufgingen. Allzu oft berichten die Chroniken von Großbränden, die manchmal die ganze Stadt in Schutt und Asche legten. Die einzige wirklich wirksame Methode gegen das Ausbreiten der Feuersbrunst bestand darin, Häuser niederzureißen und so eine Schneise zu schlagen, die die Flammen nicht überbrücken konnten. Gegen Ende des Mittelalters wurden aus Angst vor dem Feuer die Häuser vielerorts nur noch aus Stein gebaut, und die Dächer nicht mehr mit Stroh, sondern mit Schiefer oder Ziegeln gedeckt.

> *»Diese Stadt übertrifft an Größe die vorhergehenden Städte, und Häuser mit ganz wunderbar gebauten Giebeln ... Auch ihre Bedachung ist sehr erstaunenswert; denn sie besteht aus Tafeln eines bläulichen Steines und ist kunstvoll und gut, ... und mit Nägeln befestigt, unzerstörbar für viele Jahre.«*
>
> (der russische Geistliche Isidor 1438 über die Stadt Braunschweig, die im Lauf des Mittelalters zahlreichen verheerenden Bränden zum Opfer fiel)

Die Bedauernswerten, die meist all ihre Habe – Möbel, Aussteuer, Kleidung, Geschirr, Bargeld – in den Flammen verloren, waren oft für den Rest ihres Lebens dazu verdammt, mit ihrer Familie betteln zu gehen. Zwar waren Nachbarn offiziell dazu angehalten, für Ausgebrannte zu spenden, aber die Zuwendungen reichten selten aus, sich eine neue Existenz aufzubauen. Handwerkern dagegen bot die Mitgliedschaft in ihrer Zunft ein wenig Sicherheit: Sofern es sich die Innung leisten konnte, sorgte sie für ihre Mitglieder. So erhielten etwa die Angehörigen eines Handwerksmeisters nach seinem Tod eine kleine Rente, und die zunfteigene Krankenkasse zahlte für den Spitalaufenthalt. Dafür mischten sich die Zünfte aber auch ziemlich stark ins Leben ihrer Mitglieder ...

Worüber bestimmten die Zünfte nicht?

a) welche Kirche man besuchte

b) wen man heiraten durfte

c) wie viele Kinder man bekam

Die Zunft regelte zwar weite Bereiche des Lebens, aber wie viele Kinder man bekam, blieb Privatsache. Ansonsten aber wurde fast alles von der Zunft bestimmt: Man ging zum Beispiel in die eigene Kirche (wenn man sie in einer halbwegs größeren Stadt denn hatte), feierte eigene Messen und hielt eigene Prozessionen ab. Abends wurde im Zunfthaus gefeiert. Auch geheiratet werden sollte meistens innerhalb des Verbunds. Es gab Kleidungsvorschriften und Benimmregeln – und von den Mitgliedern wurde ein »ehrenbares« Benehmen gefordert.

Jede Zunft hatte ihr eigenes Wappen – unschwer zu erraten, wessen Zunftzeichen das mittelalterliche Fenster aus der Münchner Frauenkirche zeigt: Mit dem Brezelsymbol identifizierten sich die Bäcker.

»Es soll auch kein Meister keinen Gesellen fördern, der den anderen beleugt oder unrecht thut und sich mit offenbarlichen Frauen umbführt. Die, die in den Herbergen oder in Häusern, da sie arbeiten, mit Frawen oder mit Meyden unzüchtiglichen zusprechen oder Unzucht darine treyben, der auch nicht beichtet, den soll man verweisen, und vor einen Übeltheter halten.«

(aus der Rochlitzer Steinmetz-Ordnung von 1462)

Wer in der Stadt legal ein Handwerk ausüben wollte, musste der jeweiligen Zunft angehören. Die Aufnahmekriterien waren streng: Gesellen mussten etwa ehelich geboren sein, außerdem »unbescholten«. Erst als Meister konnte man reguläres Zunftmitglied werden. Manche, die sich die Aufnahme in die Zunft nicht leisten konnten, arbeiteten heimlich bei ihren Auftraggebern zu Hause auf dem »Bön«, dem Dachboden, und wurden abschätzig »Bönhasen« genannt.

Konkurrenz empfand man innerhalb der Zunft als schädlich, alle sollten möglichst ähnlich viel verdienen. Deshalb war genau vorgeschrieben, wie viele Gesellen in einem Betrieb höchstens zulässig waren, welchen Preis ein Meister für seine Ware verlangen konnte und wie viele Rohstoffe er maximal einkaufen durfte.

»Die Zünfte und Gilden sind zu dem Zwecke erfunden worden, dass jeder durch sie sein tägliches Brot verdiene und niemand ins Handwerk des anderen übergreife. So wird die Welt ihr Elend los, und jeder kann seinen Unterhalt finden und jeder seiner Nahrung sicher sein.«

(aus einer Botschaft des Kaisers Sigismund im 15. Jahrhundert)

Handwerksbetriebe waren meist klein, denn aufgrund des Stands der Technik konnte man meist nicht in Massen produzieren. Zum Meister kamen vielleicht zwei oder drei Gesellen und ein paar Lehrlinge. Manche Innungen nahmen auch Frauen auf. Es gab sogar einige Zünfte ausschließlich für Frauen, etwa in Köln die Goldspinnerinnen und die Seidenmacherinnen. An-

Die Handwerksberufe waren nicht immer nur Männerdomänen: Eine Frau beim Schmieden eines Nagels zeigt dieses Bild aus England, das zwischen 1327 und 1335 entstand.

dere Frauen verdienten ihr Geld als Schmiedinnen, Bäckerinnen oder Bierbrauerinnen.

> *»Also, dass ich ... zwei Männern treu und fleißig nach meinem besten Vermögen lehren soll, gute Grut [Bier] zu machen. ... Dazu habe ich mich mit den vorgenannten Herren und der Stadt Köln durch diese Urkunde auf acht aufeinanderfolgende Jahre, beginnend mit dem Datum dieser Urkunde, verbunden und verpflichtet. ... Und wenn ich deshalb mein Haus verlasse und wegen dieser Angelegenheit in Köln wohne, so sollen sie mir für jeden Tag innerhalb dieser Zeit für meine Arbeit und meine Ernährung eine Mark Kölner Währung geben.«*
>
> (aus einem Vertrag der Stadt Köln vom 10. Oktober 1420 mit der Brauerin Fygin von Broikhusen)

Häufig arbeiteten Frauen auch im Handel – als Geschäftspartnerinnen ihres Mannes oder auch selbstständig, als Krämerin oder Marktfrau mit eigenem Stand ...

Wo konnte man in der mittelalterlichen Stadt außer auf dem Markt noch einkaufen gehen?

a) im Rathaus

b) im Armenhaus

c) in der Badeanstalt

Badezimmer gab es im Mittelalter noch nicht – man ging stattdessen in eines der zahlreichen Badehäuser. Manche waren wahre Wellnesstempel mit Dampf- und Schwitzbädern, Massagen und Musik. Friseure schnitten die Haare, Chirurgen behandel-

Im Rathaus der Stadt Alsfeld, das 1516 fertiggestellt wurde, kann man heute noch die alte Markthalle im Kellergewölbe bewundern. Hier wurden die Waren unter den wachsamen Augen der Ratsherrn unter die Leute gebracht.

ten Krankheiten. Die Häuser hatten aber keine Waren im Angebot. Armenhäuser dagegen boten zwar ein Bett und einen Teller Suppe für jene, die sich nicht selbst versorgen konnten und kein Dach über dem Kopf hatten. Einkaufen konnte man dort allerdings ebenfalls nicht. Die Häuser wurden meist von kirchlichen Stiftungen geführt und finanzierten sich durch Spenden. Nach heutigen Schätzungen gehörten übrigens etwa zehn bis zwanzig Prozent der Stadtbevölkerung zu den Armen und waren auf Gaben wohlhabenderer Bürger angewiesen.

Nahezu das gesamte städtische Warenangebot war indessen in der Kaufhalle zu finden – und die war häufig im Rathaus untergebracht. Hier wurden Waren aus dem Fernhandel verkauft. Die Stadt behielt so die Kontrolle über die Zölle.

> *»Do men zalte nach gotz gebürte 1358 jor, do wart daz kousfhus am Salzhofe gemaht, ... und wurdent die kouflüte betwungen, das sü iren koufmanschatz müssent drin füren.«*
>
> (aus der Straßburger Chronik des Jacob Twinger, um 1400)

Das Rathaus war außerdem das Zentrum der Stadt. Beschlüsse wurden den Bürgern dort öffentlich vorgelesen, Gerichtsverhandlungen geführt, hohe Gäste empfangen. Oft waren an den Mauern die geltenden Maße angebracht: etwa die Umrisse eines Brotlaibs oder Ziegelsteins. So konnte man überprüfen, ob man womöglich übers Ohr gehauen worden war. Handwerker und Händler waren nämlich oft erfinderisch, wenn es darum ging, ihren Profit mit nicht ganz legalen Mitteln zu steigern. So gaben Schuster Hunde- für Ziegenleder aus, Bäcker bliesen das Brot künstlich auf, in Stoffe wurden Haare, Draht oder Abfälle gewebt. Um dies zu verhindern, beraumte der Stadtrat regelmäßig »Warenschauen« an; die beanstandeten Güter mussten meist vernichtet werden oder wurden Armenhäusern gespendet. Betrüger mussten mit harten Strafen rechnen – und endeten nicht selten hinter dicken Gefängnismauern. Für sie war es mit der Freiheit des Stadtlebens meist für immer vorbei ...

Tipps zum Weiterlesen:

Evamaria Engel: Die deutsche Stadt im Mittelalter, Düsseldorf 2005. Die renommierte Historikerin beleuchtet in angenehmer Sprache alle Aspekte des Stadtlebens.

Otto Borst: Alltagsleben im Mittelalter, Frankfurt am Main 2008. Ein sehr ausführlicher menschlicher Blick auf das damalige Leben – nicht nur in den Städten.

14

Glaube, Unglaube, Aberglaube

Von guten und bösen Mächten

Wer lebhafte Erinnerungen an seine Kindheit hat, weiß noch, wie sich das anfühlte: wenn ein Monster unter dem Bett saß, ein Vampir ans Fenster klopfte oder dunkle Gestalten im Keller hausten. Die Angst vor solchen Unholden ist für Kinder ganz real – bis ihnen die Erwachsenenwelt schließlich glaubhaft versichern kann, dass es sich bloß um ungefährliche Hirngespinste handelt. Dem Menschen im Mittelalter aber erklärte das niemand. Er fühlte sich nicht nur während seiner Kindheit, sondern sein Leben lang umgeben von übersinnlichen Kräften und dunklen Mächten, die im ständigen Widerstreit lagen mit den guten. Wenn man wenig weiß, ist man bereit, vieles zu glauben: Wer noch nie ein Einhorn oder einen Elefanten gesehen hat, hält beides für genauso fantastisch – oder für genauso real.

> *»Ein kleines Lebewesen ist es, wie ein Böckchen, aber ganz außerordentlich leidenschaftlich. Nicht kann ein Jäger ihm nahe kommen, weil es sehr stark ist. Ein einziges Horn hat es mitten auf seinem Kopf.«*
>
> (aus dem Physiologus, einer spätantiken Abhandlung über Tiere, die im Mittelalter weiterhin galt)

Für die Menschen im Mittelalter war die ganze Welt magisch; ihr Schicksal wurde von fremden Mächten gelenkt. Hinter banalsten Begebenheiten konnten sich Vorzeichen verstecken, die es zu verstehen galt. Gegen böse Kräfte musste man Vorsichtsmaß-

Himmel oder Hölle? Wenn die Seele aus dem toten Leib aufsteigt, warten Teufel und Engel auf sie – so jedenfalls stellte sich das die Äbtissin Hildegard von Bingen vor.

nahmen ergreifen. Es braucht daher nicht zu verwundern, dass die Menschen mit größter Inbrunst beteten und sich bemühten, ein gottgefälliges Leben zu führen, um sich himmlischer Hilfe zu vergewissern. Neben der tiefen Frömmigkeit nahm man noch weitere, althergebrachte Schutzmöglichkeiten in Anspruch – am besten alles, was zur Verfügung stand ...

Welcher Aberglaube stammt nicht aus dem Mittelalter?

a) »Ein vierblättriges Kleeblatt bringt Glück.«

b) »Ein Messer zu schenken, zerschneidet die Liebe.«

c) »Freitag, der 13., ist ein Unglückstag.«

Sowohl der Glücksklee als auch das Verbot, ein Messer zu verschenken, finden sich schon in mittelalterlichen Schriften. Der vierblättrige Klee brachte nicht nur Glück, sondern verhalf seinem Besitzer auch zu der Gabe, eine Hexe als solche zu erkennen, was selbstverständlich als außerordentlich vorteilhaft empfunden wurde.

Im Lauf der Geschichte und regional verschieden war der Freitag mal Glücks- mal Unglückstag. Die 13 dagegen wird wohl seit Urzeiten als Unglückszahl empfunden: So lesen wir in der Bibel, dass beim Abendmahl 13 statt 12 Personen am Tisch saßen – und der 13. war Judas, der Verräter. Die Angst vor Freitag dem 13. allerdings ist sehr neu: Wahrscheinlich kam sie erst nach dem Zweiten Weltkrieg aus Amerika nach Deutschland. Manche vermuten, dass dies mit dem großen Börsencrash, dem »Schwarzen Freitag«, zusammenhing – und dies, obwohl dieser nicht auf den 13., sondern auf den 25. Oktober 1929 fiel.

Ein Leben in tiefer Demut vor Gott – in realer Angst vor der Hölle und mit wahrhaft empfundener Vorfreude auf das Paradies – ließ sich nach Ansicht des einfachen Volks problemlos mit dem alten, »heidnischen« Aberglauben vereinbaren – doppelt hält schließlich besser. Die Kirchenoberen sahen das aber anders. Es herrschte ein ständiger Kampf zwischen Kirchenlehre und Volksglauben. Im frühen Mittelalter waren zwar die Könige in Europa zum Christentum bekehrt, ihre Bauern lebten aber weiterhin nach den alten keltischen oder germanischen Religionen – über die wir heute nicht mehr viel wissen. Sicher ist, dass sie verschiedene Götter in Tempeln verehrten und eigene Feiertage und Rituale hatten, die dem sich immer wiederholenden Kreislauf der Natur angepasst waren. Kulthandlungen wie Fruchtbarkeitsriten, Opfergaben, Zukunftsvorhersagen und Zaubersprüche gehörten zum Leben der Bauern. Und waren aus kirchlicher Sicht streng verboten. Damit das Volk mitzog, musste sich der Klerus ziemlich ins Zeug legen: Denn dass man zum Beispiel nur noch zu einem einzigen Gott beten sollte, leuchtete so recht niemandem ein, der bis dahin eine ganze Reihe von Adressaten für seine Wünsche und Sorgen hatte.

Die Bauern reagierten flexibel: Viele gingen mal in die Kirche, mal in den Tempel und beteten nun gleichzeitig neben ihren Göttern auch noch Jesus an. Aber auch die Kirche bewies – fern von Rom – Anpassungsvermögen: Man war sich einig, dass man dem Volk die »heidnischen« Gewohnheiten zumindest zum Teil lassen musste, damit sie der neuen Religion nicht allzu feindselig gegenüberständen. So wurden die alten Bräuche einfach umgedeutet – und in den christlichen Ritus übernommen.

»... und selbst, wenn dies dieselben Tiere sein werden, die sie auch früher gewohnheitsmäßig opferten – sofern sie beginnen, sie Gott und nicht den Götzen zu opfern, wird die Opferung selbst schon eine andere sein als zuvor.«

(Papst Gregor I., der in einem Schreiben an den Erzbischof von Canterbury zur Behutsamkeit bei der Missionierung rät)

Das Erntedankfest ist ein Beispiel für die Übernahme eines alten Brauchs: Schon in vorchristlicher Zeit schritt man gemeinsam über die Felder, um den Göttern für die Ernte zu danken. Im Jahr 939 erlaubte schließlich die Äbtissin Marcsvidis in Westfalen ihren Bauern eine solche jährliche Prozession zu Pfingsten »als Ersatz für den heidnischen Rundgang«.

Auch bemühten sich die Priester um möglichst plastische Darstellungen in den Gottesdiensten. Wer sich nicht an die kirchlichen Gebote hielt, musste damit rechnen, von Teufeln und Dämonen ins Jenseits verschleppt zu werden. Ab dem 13. Jahrhundert sind Predigten überliefert, nach denen die Pfarrer von solchen Ereignissen in Form von Tatsachenberichten erzählten. Stets schien es um echte Menschen zu gehen, und für alles gab es angeblich Augenzeugen. Auch von Ausflügen, die Himmelsbewohner auf die Erde machten, wurde berichtet. Nicht selten stieg Jesus in solchen Erzählungen vom Altar herab – und benahm sich dabei nicht immer vornehm. So erzählten die Kirchenmänner, Jesus habe einem beim Gebet eingeschlafenen Mönch zur Strafe einen kräftigen Kinnhaken verpasst (den dieser nicht überlebte) oder laut keifend einen faulen Glöckner verprügelt. Die Tochter einer uneinsichtigen Sünderin tötete er und brannte ihr danach mit glühenden Nadeln die Augen aus. Mit christlichen Idealen hatte das nicht viel gemein – aber man kann davon ausgehen, dass die Leute beeindruckt aus der Kirche kamen. Die Kirche musste in ungewöhnlichen Situationen eben auf ungewöhnliche Ideen zurückgreifen ...

Welche Maßnahme ergriff der Bischof Sabinus von Piacenza, als der Po über die Ufer getreten war?

a) Er rief zu einem mehrtägigen Massengebet auf.

b) Er stellte sich mit einem erhobenen Amulett der Strömung entgegen, was er nicht überlebte.

c) Er ließ einen schriftlichen Befehl, dass sich der Fluss zurückziehen solle, ins Wasser werfen.

Von einem tagelangen Massengebet gegen das Po-Hochwasser ist nichts bekannt, auch stellte sich der Bischof nicht mit einem Amulett gegen die Strömung. Denkbar wäre zumindest Letzteres aber gewesen, denn geweihte Amulette mit Heiligenbildern besaßen für ihre Besitzer durchaus Zauberkräfte. Ebenso wie Weihwasser gegen Teufel und Dämonen half und aufgestellte Kreuze in Weinbergen, Gärten und auf Feldern vor Unwetter schützten. Die Symbole der Kirche waren für die Bevölkerung – und dazu gehörten wohl auch große Teile des Klerus – zu Zauberinstrumenten geworden.

Tatsächlich verfasste der Bischof von Piacenza gegen das Hochwasser eine schriftliche Aufforderung, die in die Fluten geworfen wurde. Der Fluss soll dem Befehl übrigens augenblicklich nachgekommen sein. Der Bischof hatte sich dabei wahrscheinlich von den Ritualen der Bauern inspirieren lassen: Weitverbreitet war es nämlich noch bis ins 17. Jahrhundert, die Bilder von Heiligen ins Wasser zu werfen und damit für gutes Wetter zu bitten. In manchen Regionen ging man noch weniger zimperlich mit den Heiligen um: Herrschte zum Beispiel am Tag des Urban schlechtes Wetter, warfen Menschen in Süddeutschland sein Bild aus Rache in den Schmutz.

Andernorts schleuderte man gegen Gewitter und Sturm Steine in die Wolken oder schoss Pfeile gen Himmel. Besonders wirksam erschien Lärm: In Aachen etwa wurde noch bis ins 17. Jahrhundert bei Sturm in ein Horn geblasen. Und die Kirche zog wieder mit. Obwohl viele Theologen den Kampf gegen Unwetter als gotteslästerlich ablehnten, läuteten das ganze Mittelalter hindurch bei Sturm die Kirchenglocken, und Priester hielten Kreuze oder Hostien gen Himmel.

> *»Dämonen, die ihr dieses Wetter verursachet habt, haltet ein und schauet! Sehet, der Schöpfer aller Dinge ist hier, unser Richter und unser Erlöser!«*
>
> (überlieferter Ruf eines Priesters aus Aquileja im 14. Jahrhundert, der dabei eine Hostie in Richtung der Gewitterwolken hielt)

Gebildete Theologen versuchten, den einfachen Kirchenmännern diese abergläubischen Mittel auszutreiben. Aber die Landpfarrer waren in der Regel kaum gebildeter als das Volk und bekamen von solchen Verboten wenig mit. Sie schrieben weiterhin magische Sprüche auf Äpfel oder Brot und besprengten Tiere mit Weihwasser.

> *»Die Geistlichen, die solche Aberglauben schaffen oder sie zulassen und nicht verbieten, sind keine Priester des Herrn ... Litaneien zu Ehren der Heiligen verwandeln sie in Anrufe der Dämonen.«*
>
> (aus einer theologischen Schrift des 15. Jahrhunderts)

Da es viel zu wenig kirchliches Personal gab, um die einfachen Mönche und Pfarrer zu kontrollieren, muss man sich nicht wundern, dass es Jahrhunderte dauerte, bis diese priesterlichen Verhaltensweisen halbwegs eingedämmt waren. Von dem, was

Erzengel Michael beim Jüngsten Gericht in einer Darstellung aus dem 15. Jahrhundert: Mit einem Speer besiegt er Satan in Gestalt eines Drachens. Der Heilige trat wie viele andere an die Stelle alter Germanengötter.

die Menschen innerhalb ihrer heimischen Mauern taten und dachten, ganz zu schweigen.

Ein besonders kluger Schachzug der Kirche, um die Bevölkerung auf ihre Seite zu bekommen, war die Bereitstellung der zahlreichen Heiligen als Ersatz für die früheren Götter. Die wahrscheinlich erste offizielle Heiligsprechung durch einen Papst fand im Jahr 993 statt (der 973 gestorbene Bischof Ulrich von Augsburg war der Glückliche). Zuvor hatten auch Bischöfe nach Gutdünken Persönlichkeiten in ihrer Region heiliggesprochen. Dies sah der Vatikan nicht gern, aber es dauerte noch rund 200 Jahre, bis die örtlichen Kirchenmänner Rom in dieser Frage folgten.

Heilige waren beim Volk umso beliebter, je spektakulärer die vollbrachten Wunder waren, die man ihnen zuschrieb. Außerdem zogen mit ihrer Hilfe die alten Götter, die man vorn durchs Tor hinausgetrieben hatte, quasi durch den Hintereingang wieder ein. Erzengel Michael etwa trat nach Ansicht vieler Historiker an die Stelle des Germanengottes Wotan bzw. Odin. Das kirchliche Michaelisfest wurde im Jahr 813 offiziell auf den 29. September gelegt – an diesem Tag hatten die Germanen bis dahin Wotan gehuldigt. Auch wurden an ehemaligen Wotan-Kultstätten Michaelskirchen errichtet. So dürfte es vielen leichter gefallen sein, sich von den alten Göttern zu verabschieden.

»Sagst du dem Teufel ab? –
Ich schwöre dem Teufel ab. –
Und allem Teufelsdienst? –
Und ich schwöre allem Teufelsdienst ab. –
Und allen Teufelswerken? –
Und ich schwöre allen Teufelswerken und -worten ab,
Thor und Wotan
und Saxnot [germanische Gottheiten] und allen Dämonen, die ihre Genossen sind.«

(ritueller Dialog zwischen Priester und Täufling aus dem altsächsischen Taufgelöbnis vom Ende des 8. Jahrhunderts)

Heilige wurden so glühend verehrt, dass sich um sie herum ein regelrechter Reliquienkult entwickelte. Reliquien sind bekanntermaßen sterbliche Überreste von Heiligen, etwa Haare, Knochen, Fingernägel. Dazu kommen außerdem Teile des Sargs, mit Blut befleckter Stoff oder auch Gegenstände, die den Heiligen berührt haben. Den Überresten dieser Toten wurden besondere Kräfte zugesprochen; sie waren so kostbar, dass es nicht selten zu übler Leichenfledderei kam. 1231, nach dem Tod der fünf Jahre später heiliggesprochenen Elisabeth von Thüringen, soll die Menschenmenge ihr in Marburg das Leichentuch vom Gesicht gerissen und ihr Haare, Nägel und Ohren abgeschnitten haben, um die Beute mit nach Hause zu nehmen. Reliquienhandel war vor allem ab dem 13. Jahrhundert an der Tagesordnung – und damit auch die Produktion von Fälschungen. Dem heiligen Stephan etwa werden 13 Arme zugesprochen ...

Nicht schwer zu erraten ist, woraus diese Reliquie besteht: Der Fuß eines Heiligen wurde um 1450 von einem Baseler Goldschmied mit Email und Silber ummantelt und kann heute im Landesmuseum Zürich bestaunt werden.

»Gegen einen ›gotteslästerlichen‹ Internet-Handel mit ›sterblichen Überresten von Heiligen‹ hat Kardinal Jose Saraiva Martins aus dem Vatikan nun protestiert. Denn beim Auktionshaus Ebay werden schon lange Reliquien verschiedener Heiliger zu allen möglichen Preisen angeboten, gefälschte Echtheits-Zertifikate inklusive. ›Viele könnten gestohlen sein‹, warnte der Kardinal .... Wahre Reliquien sind immer kostbar; doch es gibt sie nur umsonst. Ihr Verkauf ist per se ein Sakrileg.«

(aus der »WELT« vom 13. Februar 2008)

Manchen wurde das Treiben um die Reliquien und andere Auswüchse des religiösen Eifers zu bunt – sie wandten sich ab von der Kirche. Die konnte das natürlich nicht dulden ...

Wer galt üblicherweise als Ketzer und war damit der Verfolgung ausgesetzt?

a) jemand, der dem Christentum abschwor

b) jemand, der die Autorität der katholischen Kirche nicht anerkannte

c) jemand, der massiv gegen kirchliche Gesetze verstieß

Das Christentum war in Europa absoluter Konsens – von jüdischen oder muslimischen Minderheiten abgesehen. Es kam daher praktisch nicht vor, dass Menschen tatsächlich dem Christentum öffentlich abschworen. Ein solcher Mensch wäre aber nicht Ketzer, sondern wohl eher »Ungläubiger« genannt oder als Geisteskranker bemitleidet worden. Auch wer gegen die Kirchengesetze verstieß, war kein Ketzer, sondern ein Sünder – der

Wenn es doch so einfach wäre ... Der Ablasshandel, bei dem man sich für Geld von seinen Sünden loskaufen konnte, war ein florierendes Geschäft, bis die von Martin Luther eingeleitete Reformation dem Ganzen ein Ende machte.

sich von seinen Sünden mit Bußübungen oder auch dem Kauf eines Ablassbriefes reinwaschen konnte.

Gerade der Handel mit Letzteren war es unter anderem, der jene Menschen auf den Plan rief, die als Ketzer galten. Sie waren

Wie eine Burg vor Feinden musste der rechte Glaube nach Ansicht des Klerus vor den Ketzern und Sündern verteidigt werden. Dieses Bild stammt aus einem französischen Buch des 15. Jahrhunderts.

gläubige Christen, leugneten also die Existenz Gottes keineswegs. Stattdessen hatten sie die Bibel meist gründlich studiert und legten sie anders aus, als es die römischen Theologen vorgaben. Oft sehnten sich diese Menschen nach dem Leben der Urchristen – das weit von dem entfernt war, was die Kirche als Gesetz vorgab. Aber Kritik war nicht erwünscht. Wer sich von der katholischen Lehre entfernte und die Autorität der Kirche nicht anerkannte, galt als Gefahr für die Ordnung und damit als ein Ketzer, ein Vertreter Satans, den man vernichten musste. Dafür sorgten vom Papst beauftragte Ketzerjäger, die Inquisitoren.

»Wollen sie nun den Sekten-Ritus ausüben, begeben sie sich heimlich hinab in ihre Höhle bzw. in ihr Kellerloch. Dort entblößt ihr Bischof oder Meister als Erster von allen seine Arschbacken und klemmt einen silbernen Löffel dazwischen; hat er dann sein Geschäft darauf verrichtet, küssen ihm alle das Hinterteil und erweisen ihm Verehrung. Hernach stehen oder sitzen sie rund um eine Säule. Plötzlich kommt ein riesiger Kater und erklimmt die Säule bis zu der Leuchte, die da befestigt ist. Dort hängt er eine Weile und krümmt dann seinen Schwanz bis zum Rücken. Und alle treten heran und küssen ihm das Hinterteil. Ist das geschehen, löscht der Kater das Licht, und sogleich treiben sie Unzucht miteinander, Mann mit Mann und Frau mit Frau.«

(unverbrämte Schilderung angeblicher Ketzerrituale durch den »Ketzerjäger« Konrad von Marburg aus dem Jahr 1231/32)

Der erste Mensch, der offiziell als Ketzer verurteilt wurde, war Leutard, ein Bauer aus dem Dorf Vertus in der Champagne, der Ende des 10. Jahrhunderts lebte. Der Legende nach schlief er bei der Feldarbeit ein und träumte, ein Bienenschwarm sei in seinen Körper gefahren und habe ihm Verschiedenes aufgetragen: etwa, das Kruzifix der Dorfkirche zu zerstören. Er begann, in der Landbevölkerung Anhänger zu sammeln und redete ihnen unter anderem ein, die Abgaben an die Landesherren seien überflüssig. Als er vom zuständigen Bischof der Ketzerei angeklagt wurde, wandten sich seine Anhänger ängstlich von ihm ab. Daraufhin ertränkte sich Leutard in einem Brunnen.

Andere wurden der Kirche gefährlicher als Leutard. Es entstanden große Sekten, regelrechte Massenbewegungen, die sich von der Kirchenlehre abwandten. Die Katharer zum Beispiel (von denen sich auch das Wort »Ketzer« ableitet) verbreiteten sich seit dem 12. Jahrhundert von Skandinavien bis Südfrankreich.

Finsteres Schauspiel: Eine Gruppe von Ketzern wird auf dem Scheiterhaufen verbrannt – in diesem Fall Angehörige der Katharerbewegung. Der Stich von 1880 ist einem Ereignis aus dem 13. Jahrhundert nachempfunden.

Sie lehnten das Alte Testament ab und glaubten, Verfechter der einzig wahren christlichen Lehre zu sein. Besonders populär wurden sie, weil ihre Priester nicht auf Latein, sondern in der jeweiligen Volkssprache predigten (mehrere Hundert Jahre vor Luther!). Obwohl sie straff organisiert waren, wurde ihre Führungselite bis Ende des 13. Jahrhunderts durch die Inquisition umgebracht – die Bewegung war damit ebenfalls tot.

> *»Nur die Unverschämtheit kann leugnen, dass die Zaubergräuel den Ketzereien auf dem Fuße folge.«*
> (der belgische Hexentheoretiker Martin Anton Delirio 1599)

Ebenso verboten wie Ketzerei war zudem Zauberei – und nicht selten wurde beides in einen Topf geworfen. Frauen – und auch einige Männer, denen man Zauberkräfte zusprach, lebten gefährlich ...

Von wem stammt das Zitat: »Es ist ein überaus gerechtes Gesetz, dass die Zauberinnen getötet werden ..., nicht allein weil sie schaden, sondern auch, weil sie Umgang mit dem Satan haben«?

a) Kaiserin Maria Theresia von Österreich

b) Thomas von Aquin

c) Martin Luther

Etwa ab dem 13. Jahrhundert begann die Kirche, härter gegen angebliche Hexen vorzugehen. Der berühmte Gelehrte Thomas von Aquin (ca. 1225–1274) schrieb zwar über die magischen Rituale der Hexen und ihren Pakt mit dem Teufel, allerdings stammt das Zitat nicht von ihm. Mit seinen Schriften über

Hexen traute man einfach alles zu – sogar, aus dem Schaft einer Axt Milch zu melken, wie es der Prediger Geiler von Kaysersberg in seiner Schrift aus dem Jahr 1517 illustrieren ließ.

Hexen gab er ihren Verfolgern aber durchaus eine theoretische Grundlage in die Hand. Die österreichische Kaiserin Maria Theresia hingegen machte sich verdient, indem sie die Hexenverfolgung in ihrem Reich abschaffte. Das allerdings war erst im Jahr 1766. Zu diesem Zeitpunkt waren schon Zehntausende dem Hexenwahn zum Opfer gefallen.

Daran hatte auch der große Reformator Martin Luther nichts ändern können. Im Gegenteil: Von ihm stammt nämlich das obige Zitat. Der Mann, der 1515 mit seinen Thesen die christliche Kirche veränderte und dafür selbst der Ketzerei beschuldigt wurde, war gleichzeitig von der Existenz düsterer Mächte überzeugt. Manche Historiker glauben, dass die chaotische Zeit der Reformation die Leute so verunsicherte, dass gerade deshalb die Hexenverfolgung verstärkt wurde. Man geht heute insgesamt von etwa 50.000 Menschen in Europa aus, die auf dem Scheiterhaufen als Hexen verbrannt wurden – etwa die Hälfte davon im deutschsprachigen Raum. Angesichts der niedrigen Bevölkerungszahlen ist das eine enorme Zahl. Achtzig Prozent der Verfolgten waren Frauen.

Die Opfer waren anfangs oft alt und alleinstehend, manchmal auch geistig verwirrt. (Auch vermeintliche Werwölfe fanden übrigens in nicht geringer Zahl ihr Ende auf dem Scheiterhaufen.) Später wurde die Verfolgung zu einem Mittel, sich unliebsame Menschen vom Hals zu schaffen: Es genügte, jemanden vor Zeugen eine Hexe zu nennen – und das Schicksal der bedauernswerten Person war besiegelt. Es folgte eine Befragung unter Folter, aus der es in der Regel keinen Ausweg gab: Je länger man der Pein standhielt, desto härter wurde der Verdacht, im Bund mit dem Teufel zu stehen. Oder man »gestand« ziemlich schnell – das Resultat war das gleiche.

> *»Ein fürchterliches Schauspiel: Außerhalb der Mauern mehrerer Dörfer und Städte waren unzählige Pfähle errichtet, an die gefesselt arme und überaus bedauernswerte Frauen als Hexen von den Flammen verzehrt worden waren.«*
>
> (der römische Kardinal Albizzi über eine Reise nach Deutschland 1636/37)

Der Höhepunkt des Wahns lag allerdings keineswegs im Mittelalter: Die Verfolgungen begannen etwa 1430 in geringem Umfang, zwischen 1560 und 1630 kamen die meisten um, und damit in einer Zeit, die uns heute schon als »Neuzeit« bekannt ist. Die letzte »Hexe« wurde erst 1811 in einer preußischen Provinz im heutigen Polen verbrannt – man machte sie für ein großes Feuer in ihrem Heimatort verantwortlich.

Der Glaube der Menschen an Magie und böse Mächte war also mit dem Ende des Mittelalters längst nicht vorbei: Er überlebte die Aufklärung des 18. Jahrhunderts – und sogar das Internetzeitalter.

> *»Natürlich kann jeder von uns ein/e Hexe/er werden. Das Wichtigste dabei ist jedoch der Glaube, denn nur ein fester Glaube führt zur Magie. Der Weg, eine gute Hexe zu werden, erfordert sehr viel Geduld ... Zweifle nicht, erkenne und fühle die Magie, denn sie steckt in jedem von uns.«*
>
> (Antwort an einen Neuling aus einem Hexen-Forum im Internet)

Ein Glück für die Hexen unserer Tage, dass sich die Inquisition nicht als genauso langlebig erwies ...

Tipps zum Weiterlesen:

Jean Claude Bologne: Magie und Aberglaube im Mittelalter. Von der Fackel zum Scheiterhaufen, Düsseldorf 2003. Detailreicher Überblick über die religiösen Rituale im Wandel der Jahrhunderte.

Lyndal Roper: Hexenwahn. Geschichte einer Verfolgung, München 2007. Wie es zur grausamen Hexenjagd kommen konnte, erklärt die Autorin anhand von Einzelfällen.

Bildnachweis

Seite 11
© INTERFOTO/Sammlung Rauch

Seite 17
oben: © Ullstein Bild/Roger-Viollet
unten: © Ullstein Bild/Roger-Viollet

Seite 19
© bpk/RMN/René-Gabriel Ojéda

Seite 23
© Museum Meermanno, Den Haag

Seite 25
© akg-images

Seite 29
© Medizinhistorische Sammlung des Karl-Sudhoff-Instituts für Geschichte der Medizin und der Naturwissenschaften, Leipzig

Seite 34
© The Bridgeman Art Library

Seite 36
© akg-images

Seite 38
© Ullstein Bild/KPA

Seite 40
© Deutsches Medizinhistorisches Museum, Ingolstadt

Seite 42
© Adam Woolfitt/Robert Harding World Imagery/Corbis

Seite 47
© akg-images/British Library

Seite 48
© The Bridgeman Art Library

Seite 50
© akg-images

Seite 53
© akg-images

Seite 57
© akg-images

Seite 59
© The Bridgeman Art Library

Seite 63
© The Bridgeman Art Library

Seite 64
© The Bridgeman Art Library

Seite 66
© The Bridgeman Art Library

Seite 68
© The Bridgeman Art Library

Seite 72
© akg-images/British Library

Seite 74
© bpk

Seite 77
© akg-images/Erich Lessing

Seite 79
© The Bridgeman Art Library

Seite 81
© INTERFOTO/Prof.Mag. Michael Floiger

Seite 84
© akg-images

Seite 86
© akg-images

Seite 89
© Gianni Dagli Orti/CORBIS

Seite 95
© KPA/TopFoto

Seite 99
© akg-images/Jérôme da Cunha

Seite 103
© The Bridgeman Art Library

Seite 106
© akg-images

Seite 108
© The Bridgeman Art Library

Seite 109
© Bettmann/CORBIS

Seite 111
© akg-images

Seite 113
© akg-images/Erich Lessing

Seite 116
© INTERFOTO/Mary Evans

Seite 118
© The Bridgeman Art Library

Seite 120
© akg-images/Erich Lessing

Seite 122
© The Bridgeman Art Library

Seite 133
© INTERFOTO/Bildarchiv Hansmann

Seite 137
© bpk

Seite 139
© akg-images

Seite 141
© akg-images/British Library

Seite 142
© akg-images/VISIOARS

Seite 145
© akg-images

Seite 151
© akg-images/British Library

Seite 155
© ullstein bild – KPA

Seite 157
© INTERFOTO/Austrian Archives

Seite 160
© The Bridgeman Art Library

Seite 163
© INTERFOTO/Sammlung Rauch

Seite 165
© bpk/Hermann Buresch

Seite 168
© akg-images

Seite 172
© Deutsches Medizinhistorisches Museum, Ingolstadt

Seite 174
© Bettmann/CORBIS

Seite 175
© The Bridgeman Art Library

Seite 178
© akg-images/Alfons Rath

Seite 183
© Musée des Arts Décoratifs, Strasbourg; Photo Musées de la Ville de Strasbourg, A. Plisson

Seite 186
© picture-alliance/ZB

Seite 188
© bpk/Museo Civico Medievale, Bologna/Scala

Seite 191
© bpk

Seite 192
© akg-images

Seite 196
© akg-images

Seite 200
© The Bridgeman Art Library

Seite 203
© The Bridgeman Art Library

Seite 206
© Bayerisches Nationalmuseum, München

Seite 207
© Germanisches Nationalmuseum, Nürnberg

Seite 209
© akg-images

Seite 211
© akg-images

Seite 217
© Bayrische Staatsbibliothek, München

Seite 220
© akg-images/British Library

Seite 222
© akg-images

Seite 225
© INTERFOTO/Bildarchiv Hansmann

Seite 227
© akg-images/British Library

Seite 229
© akg-images/Bildarchiv Monheim

Seite 232
© akg-images/Erich Lessing

Seite 238
© INTERFOTO/A. Koch

Seite 239
© akg-images

Seite 241
© akg-images

Seite 242
© akg-images

Seite 244
© akg-images

Seite 246
© akg-images